AI 기반 미래 융합 기술

인공지능총서

인공지능 시대입니다. 기계가 인간의 인지를 대신하고, 사물이 인간을 통하지 않고 다른 사물과 직접 커뮤니케이션합니다. 이에 따른 인간 삶과 문명 변화를 정확히 이해·예측·대응하는 것은 이 시대 우리 모두의 과제입니다. 인공지능총서는 인공지능 기술과 환경의 여러 주제를 10가지 키워드로 정리합니다. 관련 개념과 이론, 학계와 산업계의 쟁점, 우리 일상의 변화를 다룹니다. 인간과 기술의 현재, 미래를 세심히 분석합니다.

일러두기

- 인명, 작품명, 저서명, 개념어 등은 한글과 함께 괄호 안에 해당 국가의 원어를 병기했습니다.
- 외래어 표기는 현행 어문규정의 외래어표기법을 따랐습니다. 다만 '딥 러닝', '딥마인드', '딥페이크' 등은 관행을 따랐습니다.
- 『AI 기반 미래 융합 기술』의 기본 개념, 미래 변화 모습은 『2024년 생성형 인공지능 시대의 10대 미래유망기술 선정에 관한 연구』(박창현, 2023)에서 일부 내용을 발췌했습니다.

AI 기반 미래 융합 기술

박창현

대한민국, 서울, 커뮤니케이션북스, 2024

AI 기반 미래 융합 기술

지은이 박창현
펴낸이 박영률

초판 1쇄 펴낸날 2024년 9월 13일

커뮤니케이션북스(주)
출판 등록 2007년 8월 17일 제313-2007-000166호
02880 서울시 성북구 성북로 5-11
전화(02) 7474 001, 팩스(02) 736 5047
commbooks@commbooks.com
www.commbooks.com

ISBN 979-11-288-6682-1 03500

책값은 뒤표지에 표시되어 있습니다.

차례

인간의 창조 영역에 도전하는 생성형 AI vii

01 텍스트 생성형 AI 1

02 이미지 생성형 AI 9

03 AI 전용 칩 21

04 개인 맞춤형 AI 31

05 음성 생성형 AI 43

06 AI 클라우드 플랫폼 51

07 코딩 생성형 AI 61

08 멀티모달 AI 71

09 AI 신뢰성과 안전성 79

10 AI 오픈 마켓 89

부록 98

인간의 창조 영역에 도전하는 생성형 AI

이 책의 발간 목적과 독자

'글, 이미지, 음성, 영상, 코딩' 등 생성형 AI가 새롭게 만들어 내는 창조의 시대가 도래하고 있다. 생성형 AI가 만들어 낼 미래 융합 기술을 미리 이해하고 미래 변화를 전망하기 위해 이 책을 기획했다. 생성형 AI가 일상생활이나 전문 영역에 급속도로 확산하고 있지만, 생성형 AI 기술이 어떻게 활용되고 우리의 미래를 어떻게 변화시킬지는 여전히 불확실하다. 생성형 AI 기반의 미래 융합 기술을 미리 정의하고 미래 변화를 전망하는 것으로 독자들은 미래의 불확실성을 다소 해소하고 대비할 수 있을 것이다.

오픈AI의 ChatGPT는 2022년 11월 출시해, 40일 만에 이용자 1000만 명, 두 달 만에 1억 명을 기록했고, 이 외에도 다수의 국내외 업체들이 생성형 AI 모델과 서비스를 제공하고 있다. 대표적으로 마이크로소프트는 빙(Bing)과 코파일럿(Copilot), 구글은 바드(Bard), 메타는 라마(Llama), 네이버는 하이퍼클로바X(HyperCLOVA

X), LG는 엑사원(EXAONE)이 있고, 삼성은 자체 개발 중이다. 생성형 AI 기술의 가치 사슬은 컴퓨터 하드웨어, 클라우드 플랫폼, 파운데이션 모델, 모델 허브, 애플리케이션, 서비스의 6개 요소로 구성된다.

여기서 언급하는 미래 융합 기술은 5~10년 후 한국 사회에 커다란 변혁을 가져올 수 있는 미래 기술을 대상으로 했다. 생성형 AI가 창작의 시대 확산에 기여할 가능성이 높은 미래 기술이다.

국내외 AI 기반 미래 융합 기술 현황

국내외에서 다양한 AI 기반 미래 융합 기술이 언급되고 있다. 매사추세츠공과대학(MIT, Massachusetts Institute of Technology)은 2001년부터 매년 사회 경제적으로 파급 효과가 크고, 일하는 방식을 크게 변화시킬 미래 기술을 분야별 최고 전문가의 식견에 근거해 선정 · 발표하고 있다. AI 기반 미래 융합 기술로 2021년에는 다중기술 AI(Multi-skilled AI), 2022년에는 단백질 접힘 AI(AI for Protein Folding), 2023년에는 이미지 생성 AI(AI that makes images) 등을 발표했다.

세계경제포럼(WEF, World Economic Forum)은 2011년부터 매년 사회와 산업을 긍정적으로 변화시킬

10대 미래 기술을 선정해 발표하고 있다. 전문가 네트워크와 국제운영위원회에서 후보를 발굴하고 평가해 매년 개최되는 다보스 포럼에서 발표한다. AI 기반 미래 융합 기술로 2023년에는 AI 기반 의료(AI-facilitated healthcare) 등을 발표했다.

미국의 정보통신 시장 조사 업체 가트너(Gartner)는 2004년부터 3~5년 내 급부상할 것으로 예상되는 정보통신 분야 트렌드를 선정해 발표하고 있다. AI 기반 미래 융합 기술로 2022년에는 생성형 AI(Generative AI), 2023년에는 AI 신뢰성, 위험, 보안 관리(AI Trust, Risk and Security Management), 적응형 AI(Adaptive AI) 등을 발표했다.

국내에서는 한국과학기술기획평가원(KISTEP)이 2009년부터 매년 미래 유망 기술을 선정해 발표하고 있으며, 2013년부터는 미래 한국 사회의 핵심 이슈의 대응으로 전환했다. AI 기반 미래 융합 기술로 2021년에는 초연결 시대의 사이버 지킴이, AI 보안 기술, 2023년에는 AI 기반 지능형 사이버 보안 관제 및 자동 대응 기술 등을 발표했다.

한국과학기술정보연구원(KISTI)도 2006년부터 매년 미래 신시장 · 신산업 창출을 위한 유망 기술을 선정해 발표하고 있다. AI 기반 미래 융합 기술로 2019년에는 AI 기반 머신 비전 기술, 2023년에는 안전한 IoT(Internet of Things)를 위한 보안 기술 등을 발표했다.

한국생명공학연구원은 바이오 산업 혁신과 부가가치 확대를 위해 2015년부터 유망 기술을 선정해 발표하고 있다. AI 기반 미래 융합 기술로 2021년에는 AI 기반 단백질 모델링, 2023년에는 AI 기반 인공 단백질 설계 등을 발표했다.

AI 기반 미래 융합 기술 접근과 선정 결과

국내외에서 발표하는 미래 기술들의 접근과 선정 방법을 참고해 '문헌조사, 설문조사, 전문가 자문' 등으로 이 책의 AI 기반 미래 융합 기술을 선정했다.

우선 국내외 문헌 조사로 부상하고 있는 AI 기반 미래 융합 기술들을 파악했다. 다음으로 국가과학기술 표준분류체계, 지능정보산업협회, 소프트웨어정책연구소, 특허청, 깃허브(Github) 등 AI 분야 기술 분류 체계에서 AI 기반 미래 융합 기술의 후보 기술들을 도출했다. AI 관련 기술은 AI 소프트웨어, AI 서비스, AI 하드웨어, 차세대 AI 기술로 분류 가능하다. AI 소프트웨어는 AI 플랫폼, 산업용 애플리케이션, 개인용 애플리케이션으로 분류되고, AI 서비스는 정보통신(IT) 서비스와 비즈니스 서비스로 분류된다. AI 하드웨어는 연산과 처리 부품/장치, 서버/스토리지로 분류되고, 차세대 AI는 이미지/영상 데이터, 음성/신호 데이터, 텍스트/언어 데이터, 기타 데이터로 분류된다. 마지막으로 AI 분야 전문가 자문으로 최종 10개의 AI 기반 미래 융합 기술을 선정했다. 전문가 자문 시 해당 기술이 10년 내 상용화될 가능성이 있는지, 해당 기술의 구현으로 시장에서 예상되는 부가가치의 규모는 큰지, 해당 기술이 생성형 AI 기술의 확산에 기여할 수 있는지 등을 확인했다.

이 책의 주요 내용

앞서의 과정을 거쳐 10개의 AI 기반 미래 융합 기술을 선정했다. 선정된 기술은 ① 텍스트 생성형 AI, ② 이미지 생성형 AI, ③ AI 전용 칩, ④ 개인 맞춤형 AI, ⑤ 음성 생성형 AI, ⑥ AI 클라우드 플랫폼, ⑦ 코딩 생성형 AI, ⑧ 멀티모달 AI, ⑨ AI 신뢰성과 안전성, ⑩ AI 오픈 마켓이다. 각 기술별로 기본 개념과 기술 범위를 정의했고, 기술의 필요성을 논의했다. 해당 기술이 가져올 미래 변화 모습을 사회, 경제, 환경, 기술적으로 파악했다. 또한 해당 기술이 가지는 기술 경쟁력을 주요국들과 비교 분석했고, 향후 발전을 위해 필요한 정책 제언들을 법 · 제도,

인력 양성, 인프라 구축 측면에서 제시했다.

참고문헌

한국과학기술기획평가원(2022). 제6회 과학기술예측조사 연구(2차년도).
https://www.kistep.re.kr/reportDetail.es?mid=a10305020000&rpt_tp=831-006&rpt_no=RES0220220003

한국과학기술기획평가원(2022). 2023년 KISTEP 미래유망기술 선정에 관한 연구 - 데이터 보안 시대의 미래유망기술.
https://www.kistep.re.kr/reportDetail.es?mid=a10305020000&rpt_tp=831-006&rpt_no=RES0220230008

한국과학기술기획평가원(2023). 2024년 KISTEP 미래유망기술 선정에 관한 연구 - 생성형 인공지능 시대의 미래유망기술.
https://www.kistep.re.kr/boardDownload.es?bid=0031&list_no=93095&seq=1

한국과학기술정보연구원(2022). 10대 미래유망기술.

한국생명공학연구원(2023). 10대 바이오 미래유망기술.

Gartner(2024). 2024 Gartner Top 10 Strategic Technology Trends.
https://www.gartner.com/en/information-technology/insights/top-technology-trends

MIT technology review(2023). 10 Breakthrough Technologies 2023.
https://www.technologyreview.com/2023/01/09/1066394/10-breakthrough-technologies-2023/

World Economic Forum(2023). Top 10 Emerging Technologies of 2023.
https://www.weforum.org/publications/top-10-emerging

-technologies-of-2023/

01
텍스트 생성형 AI

언어 분류, 언어 모델, 자연어 처리 기술 등이 가능한 텍스트 생성형 AI 기술의 기본 개념을 이해하고, 텍스트 생성형 AI 기술이 가져올 미래 사회의 변화 모습을 전망한다. 또한 텍스트 생성형 AI 기술에 대한 한국의 경쟁력과 필요한 정책 제언으로 미래 발전 방안을 모색한다.

텍스트 생성형 AI 기본 개념

텍스트 생성형 AI는 거대 언어 모델에 기반을 두고 텍스트 데이터의 다음 단어 예측 등의 과업을 수행해 인간과 유사한 문장을 생성하는 범용 AI(artificial general intelligence)을 의미한다. 여기서 거대 언어 모델(large language model)은 일반적으로 100억 개 이상의 파라미터를 가진 사전 학습된 언어 모델을 의미한다.

텍스트 생성형 AI 기술 범위는 ① 양질의 대규모 텍스트 데이터 수집, ② 사전 학습을 위한 언어 모델의 구조 정의, ③ 사전 학습된 언어 모델의 모델 적용, ④ 사전 학습된 언어 모델을 특정 과업에 맞게 활용을 포함한다. 언어 모델의 학습을 위해서는 양질의 대규모 데이터 수집이 필수이고, 데이터는 웹페이지 데이터(예: Wikipedia), 책 데이터(예: Bookcorpus), 소셜 미디어 수집 데이터 등 일반 텍스트 데이터와 다중 언어의 번역 데이터, 과학 문헌 데이터, 코드 데이터(예: Github) 등의 특성화한 텍스트 데이터로 구분 가능하다. 생성형 언어 모델을 학습하기 위한 모델 구조는 크게 인코더-디코더(encoder-decoder) 구조와 인과적 디코더로 구분된다. 언어 모델 적응을 위해서는 사전 학습 후 생성형 언어 모델의 더 나은 활용을 위해 특정 과업의 추가 학습을 수행하고, 특정 과업 수행을 위해 문맥 내 학습(In-context learning), 생각의 사슬(chain-of-thought) 지시문 등의 사전 학습된 언어 모델을 사용한다.

텍스트 생성형 AI 기술의 초거대 언어 모델은 국내외에서 활발히 개발되고 있다. 해외에서는 오픈AI, 구글, 메타 등 거대 글로벌 기업들이 초거대 언어 모델 개발에 총력을 기울이고 있고, 국내는 네이버, 카카오, LG AI 연구소, 삼성, KT, SKT 등 유수의 정보통신(ICT) 기업들이 초거대 언어 모델 개발에 몰두하고 있다. 웹 검색 엔진 내 거대 언어 모델의 도입으로 검색 엔진에서 질의 내 관련 문서의 순위화가 아닌 질의의 답변을 직접 제공하는 새로운 형태의 서비스가 등장했으며 기존 구글 중심 검색 시장의 점유율이 변동하고 있다. 이 기술은 사용자의 편의성 증진을 위해 의료 · 법률 · 금융 분야에서는 실시간 고객 상담을 위한 질의응답 챗봇 형태로, 패션 · 마케팅 · 프로그래밍과 같은 영역에서는 영감을 주는 형태로 생산성을 향상하고 편의성을 증대하는 데에 도움을 주고 있다.

텍스트 생성형 AI 미래 사회 변화 모습

텍스트 생성형 AI가 가져올 미래 사회 변화 모습을 사회,

경제, 환경, 기술적으로 전망해 보았다. 사회(Social), 기술(Technology), 경제(Economy), 환경(Ecology), 정책(Policy)의 거시적 영역에서 변화의 요인과 변화 핵심 동인을 분석하는 STEEP 분석에 기반을 두고, 기준 시점은 향후 5~10년 내의 미래 변화 모습이다.

사회적으로 현재 가장 높은 성능을 보이는 오픈AI의 ChatGPT 모델은 다국어 성능이 상승하고는 있으나, 저자원 언어의 성능은 여전히 영어 성능에 미치지 못하는 한계가 존재한다. 한편 언어 모델이 생성한 결과가 사회적 편향이나 사용자에게 해로운 내용을 담지 못하게 하는 연구는 앞으로도 늘어날 것으로 예상된다.

경제적으로 생성형 AI 분야가 AI 시스템 학습에 필요한 인프라와 AI 기기, 광고 수요, 사이버 보안의 핵심으로 성장하며 생성형 AI 시장보고서에 의하면 향후 10년간 매년 42% 규모로 확장할 것으로 예상된다.

환경적 측면에서, 일반적으로 대규모 트랜스포머 모델 학습 시 발생하는 이산화탄소는 약 30만kg으로 추정된다. GPT-3 모델은 50만kg이 넘는 이산화탄소가 배출되는 것으로 알려져 탄소 배출량에 대한 제한 방안 마련이 필요하다. 향후 언어 모델에서 발생하는 탄소 발자국 감소를 위해 거대 언어 모델의 경량화와 저전력 반도체 설계 연구가 필요하다.

기술적으로는, 하나의 모달리티(modality)로 하나의 과업만 이해하던 모델에서 벗어나 이미지, 영상, 음성 등 다양한 모달리티를 이해하고 다양한 분야의 과업에서 우수한 능력을 보이는 모델로 발전할 것으로 예상된다.

텍스트 생성형 AI의 한국 경쟁력과 발전 방안

텍스트 생성형 AI 기술 관련 최근 12년간 공개된 주요국(한국, 미국, 일본, 유럽, 중국)의 논문과 특허를 분석해 보면, 한국의 논문 영향력은 3위, 특허 영향력은 3위로 확인된다. 논문 영향력은 논문 건당 피인용 건수를 기반으로 논문의 질적 경쟁력을 측정하는 방법이고, 특허 영향력은 등록 특허 건당 피인용 건수를 기반으로 특허의 질적 경쟁력을 측정하는 방법이다.

텍스트 생성형 AI 기술이 향후 더욱 발전하기 위해서 몇 가지 난제를 극복해야 한다.

첫째, 거대 언어 모델 적용 · 교정 과정에서 사람의 개입이 이루어지며, 완성도에 따라 언어 모델 결과의 신뢰도가 달라질 수 있다. 특히 인물, 역사, 종교, 철학 등 전문 영역에서 오류가 자주 발생하며, 사용자가 잘못된 질문을 하더라도 이를 교정하지 않은 채 답변을 제시하고 있어 이런 기술적 한계는 극복해야 한다.

둘째로 가짜 뉴스, 성적 · 인종적 편견이 포함된 데이터를 학습하면 잘못된 데이터를 재생산할 수 있고, 대화형 프롬프트 입력 시 부적절한 질의의 정제력이 미비해, 이를 우회하는 프롬프트 입력 시 사이버 범죄에 이용될 수 있다. 따라서 학습 데이터의 편향과 모델 사용의 오남용 가능성을 제거해야 한다.

마지막으로 교육 목적의 ChatGPT 활용 사례가 급증함에 따라 부정 행위에 대한 문제점이 발생하고 있는데 ChatGPT를 악용해 사이버 공격(예: 피싱, 악성코드 생성) 문제가 발생할 수 있다. 따라서 개인 정보 침해와 저작권 문제 등 법적 · 윤리적 문제를 기술 개발로 해결해야 한다.

텍스트 생성형 AI 기술의 한국 논문 영향력(3위), 특허 영향력(3위)이 상대적으로 낮지 않아, 경쟁력을 유지하기 위해 정부 차원의 집중적 예산 투자가 필요하다. 또한 텍스트 생성형 AI 기술이 향후 더욱 발전하기 위해서 언어 모델의 완성도 향상, 학습 데이터의 편향과 모델 오남용 제거, 개인 정보 침해와 저작권 문제 해결 등이 필요하다. 텍스트 생성형 AI 기술은 현재 가장 유망하고 활용도가 높은 AI 기술로 다른 생성형 AI로 확산을 위해 매우 중요한 기술이다.

참고문헌

소프트웨어정책연구소(2023). 초거대 언어 모델의 부상과 주요이슈: ChatGPT의 기술적 특징과 사회적 산업적 시사점. https://spri.kr/posts/view/23561?code=issue_reports

임수종 · 이숙의(2021). 인공지능 언어모델 연구동향. ≪한국통신학회≫, 40(3), 42~50쪽.

한국과학기술기획평가원(2023). 2024년 KISTEP 미래유망기술 선정에 관한 연구 - 생성형 인공지능 시대의 미래유망기술. https://www.kistep.re.kr/boardDownload.es?bid=0031&list_no=93095&seq=1

한국지식재산연구원(2023). 지식재산 분야의 빅데이터 및 초거대 AI 기술 활용 방안. https://www.kiip.re.kr/board/data/view.do?bd_gb=data&bd_cd=5&bd_item=0&po_item_gb=4&po_item_cd=&po_no=12726

Google Research(2023). https://ai.googleblog.com/2023/01/google-research-2022-beyondlanguage.html#LanguageModels

OpenAI(2023). GPT-4 Technical Report. https://cdn.openai.com/papers/gpt-4.pdf

Rohit Girdhar, et al.(2023). ImageBind: One Embedding Space To Bind Them All. Proceedings of the IEEE/CVF Conference on Computer Vision and Pattern Recognition, pp. 15180~15190.

Shaohan Huang, et al.(2023). Language Is Not All You Need: Aligning Perception with Language Models (2023). *Advances*

in Neural Information Processing Systems, 36.
Wayne Xin Zhao, et al.(2023). A Survey of Large Language Models. AarXiv preprint arXiv:2303.18223.

02
이미지 생성형 AI

이미지 생성, 비디오 생성, 영화제작 등이 가능한 이미지 생성형 AI 기술의 기본 개념을 이해하고, 이미지 생성형 AI 기술이 가져올 미래 사회의 변화 모습을 전망한다. 또한 이미지 생성형 AI 기술에 대한 한국의 경쟁력과 필요한 정책 제언으로 미래 발전 방안을 모색한다.

이미지 생성형 AI 기본 개념

생성형 AI 기술 중 이미지와 영상을 생성하는 기술이 이미지 생성형 AI 기술이다. 언어와 달리 이미지와 영상은 의미적으로 다양한 가능성을 내포하고 있고 생성 과정에서 자율적 생성 기능을 한다. 이미지와 영상을 생성하는 AI 기술은 다양한 가능성을 점차 줄여가는 과정으로 제작 의도에 따라 생성되는 결과물도 달라진다.

영상 정보는 다양한 해석이 가능해 이미지 생성형 AI 기술 범위는 ① 시각적 정보의 해석, ② 시각적 추론, ③ 시각적 예측에 관한 기술을 포함한다.

시각적 정보의 해석은 하나의 대상을 학습하면 대상물의 지워진 부분이나 대상물을 다르게 변형하는 것이 가능하다. 최근 대상의 학습과 심도 있는 이해를 바탕으로 의미적 변화를 시도하는 연구가 다양하게 진행되고 있다. 특히 외형적 특징을 유지하고 대상물을 바꾸거나 2D 영상을 3D 영상으로 변화하는 연구가 활발하다.

시각적 추론은 영상 정보가 가지고 있는 불완전성을 해소하려는 방법으로 스스로 명확하지 않은 부분을 다시 정확하게 보는 것에서, 다양한 요소를 다른 비중으로 비교하는 등의 영상 재검토 과정을 의미한다. 이러한 기술은 사람의 단계적 인지와 연계되는 것으로 불확실한 부분을 점차 제거하는 추론의 한 방법이다.

시각적 예측은 다양한 가능성에 따라 하나의 이미지가 아닌 수백, 수천 개의 이미지를 생성하고 그중에서 가장 가능성이 큰 이미지를 출력하는 것을 의미한다. 현재의 이미지를 바탕으로 생성되기 때문에 생성된 이미지는 제한된 예측을 수행한다. 이외에도 영상을 인식할 때 시각적 상식에 근거해 판단할 수 있고, 주로 사물의 앞뒤 관계, 행동의 관성과 같은 판단에서 시각적 상식이 사용된다. 최근에는 가짜 사진(fake image)이나 합성된 사진(deep fake)을 검출할 때 사용되는 시각적 상식이 연구되고 있다. 여러 대의 카메라가 연결된 영상에서는 동일한 형태로 변화하는 것이 매우 중요한데 생성형 AI가 영상을 생성하는 과정에서 일관성을 유지하는 방법에 관한 연구도 활발하다.

20세기에 진입하면서 영상을 소비하고, 검색하고, 생성하는 기술의 수요는 지속적으로 증가하였으나, 기술적 한계로 우리는 영상을 소비하던 시대에 살았다. 그러나 이제는 개인이 미디어를 생성하고 소비하는 시대로 빠르게 전환되고 있다. 개인의 미디어 소유 역사는 2006년 포털 사이트의 블로그 서비스로 시작되었고, 음성을 이용한 개인형 방송(예: 팟캐스트, 팟빵)을 넘어 영상을 이용한 스트림 서비스(예:유튜브, 페이스 북라이브, 아프리카TV, 판도라TV)로 확대되었다. 개인 미디어 특성상 소규모로 진행자 중심으로 생산·소비되면서 자극적이고 흥미 중심의 영상이 주를 이뤄 비교적 짧은 영상이 많고 콘텐츠의 내용과 분량이 제한되고 있다. 이미지 생성형 AI 기술은 기존의 미디어 기술이 가진 기술적 제한 요소를 해결할 수 있어 미디어 생산과 소비의 방향을 크게 바꿀 것으로 기대된다.

이미지 생성형 AI는 사람과 사람이 소통하는 방식에도 큰 변화를 가져올 것으로 예상된다. 정보 전달과 달리 내 생각을 전달하는 것은 매우 어려운 기술이다. 나의 생각을 표현하는 방법으로 글이 아닌 이미지를 활용하는 것은 시대적 변화다. 이미 텍스트 중심에서 사진 중심(예: 인스타그램, 페이스북)의 소통으로 넘어가고 있지만, 상징성 있는 이미지(예: 하트, 비, 눈웃음) 활용이 늘고 점차 나를 표현하는 이미지로 대체될 것이다. 나의 생각을 전달하는 의사소통 방식에서 영상을 활용한 사례가 폭발적으로 증가할 것으로 예상되는데, 특히 자신의 상황이나 의사를 말이나 글로 표현하는 것과 비교해 세부적인 면에서 더 전달력이 높아 새로운 소통 방식으로 영상이 등장할 것으로 보인다.

이미지 생성형 AI는 영상을 소비하거나 활용하는 분야, 특히 의료, 상담, 마케팅, 광고, 드라마, 영화처럼 미디어가 중요한 산업에서 많은 변화가 예상된다.

광고 분야에서는 사람이 상상하고 그 내용을 적용하는 과정에서 다양한 특수 효과를 기반으로 실제 영상을 촬영했으나, 생성형 AI로 큰 틀에서 AI로 생성하고 세밀한 부분이나 위험한 부분은 영상 촬영을 진행할 것이다.

영화나 드라마 분야에서는 콘티 작성에서 가이드 영상 제작까지 다양하게 활용 가능하다. 실제 인물이 보조 촬영을 진행하면 세밀한 부분에서 더 큰 효과를 얻을 수 있을 뿐 아니라 야외 촬영을 줄일 수도 있어 제작비 절감이 가능하다.

도서 삽화 분야에서는 동화책에 나오는 주인공을 좋아하는 캐릭터로 바꾸거나, 주인공을 주변 인물로 변경하는 등 나만의 책 만들기가 가능할 것이다.

의료 분야에서도 여러 가지가 가능하다. ① 전통 의료 시장에서는 수술 부위의 예후 예측으로 수술 방법에 따른 형태적 변화 추론이 가능하고 ② 성형외과, 피부과 등에서는 수술 전후의 모습을 가상으로 체험할 수 있다. ③ 산부인과에서는 대략 20주 전후해 예측으로 태아의 3D 초음파 사진을 찍고 있는데, 현재는 형태적 부분만 확인할 수 있지만, 생성형 AI는 이를 바탕으로 출생 시 사진을 만들어 줄 수도 있다.

이미지 생성형 AI 미래 사회 변화 모습

이미지 생성형 AI가 가져올 미래 사회 변화 모습을 사회, 경제, 기술적으로 전망해 본다. 사회(Social), 기술(Technology), 경제(Economy), 환경(Ecology), 정책(Policy)의 거시적 영역에서 변화 요인과 변화 핵심 동인을 분석하는 STEEP 분석에 기반을 두고, 기준 시점은 향후 5~10년 내의 미래 변화 모습을 예측했다.

사회적으로 영상을 생성하는 것은 창작 영역으로 볼 수도 있지만 모사나 모조의 가능성도 포함해, 사회적 파급력에서 장단점을 모두 가지고 있다. 사람의 생각을 가시화하는 영상 생성 기술은 다양한 표현과 정보의 전달에서 사회적 변화를 가져올 것이고 다양한 오해의 가능성을 줄여 줄 것이다. 따라서 새로운 콘텐츠의 생성에서 다양한 시도로 새로운 산업을 창출하는 긍정적 모습이 기대된다. 하지만 영상 정보가 가지는 높은 신뢰도로 오히려 잘못된 사실이 전파될 수 있고, 사실과 거짓의 판단이 어려워지는 시대가 도래할 수 있다. 특히 합성된 사진을 시작으로 다양한 정치적 발언이나 개인 정보의 침해 가능성(예: 가짜 동영상 유포)이 높다. 미국, 유럽, 중국 등은 이미 이미지 생성형 AI 기술이 만든 콘텐츠와 유통의 규제를 하고 있고, 윤리적 측면과 더불어 제도적 고민을 시작했다.

경제 면에서 이미지 생성 AI 기술은 우리가 소통하고 생활하는 방법을 변화시켜 기존 기술의 변화와 더불어 새로운 산업으로 확산을 견인할 것으로 예상된다. 생성형 AI 시장은 다양한 예측이 나오고 있으나 생성형 AI 시장보고서에 의하면 평균적으로 복합 연간 성장률(CAGR) 25~35%로 예측되는데 시간이 지날수록 더 빠르게 성장할 것이다.

기술적으로 이미지나 영상을 생성하는 AI는 영상의 해석과 인식을 늘리는 연구로 의미적 해석, 시각적 추론, 시각적 상식을 연구한다. 영상을 생성하는 분야에서 생성된 데이터의 일관성을 유지하고, 멀티모달 데이터를 활용하는 분야로 확장할 것이다. 시각적 정보의 해석 분야에서는 영상의 의미 부분을 해석하고 이를 기반으로 다시 영상을 생성할 때 영상의 품질을 평가, 의미적 해석의 정확성을 높이는 연구가 진행되고 있다. 시각적 정보의 추론 영역에서 기계 학습은 학습한 데이터를 기준으로 판단을 내려 보지 못한 새로운 사물이나 환경은 판단을 내리기 어려웠으나, 시각적 형태에 따라 추론하는 기술이 활발히 연구되고 있다. 시각적 상식 영역에서 영상은 다양한 구성 요소로 이루어져 있고, 이들은 특정한 관계가 있다. 시각적 예측 영역에서는 UC 버클리(University of California, Berkeley)에서 제안했던 신경 방사장(NeRF, Neural Radiance Fields) 모델이 서로 다른 각도의 영상을 생성, 특히 단 몇 장의 사진으로 보이지 않는 부분까지 생성할 수 있으며, 3차원의 체형이나 사물의 보이지 않는 부분을 생성하는 연구로 확장하고 있다. 시각적 정보의 일관성 유지 영역에서는 신경 방사장 모델이 공간 개념으로 영상을 확장 생성하는 기술로 2D 이미지에 기준해 3D 영상을 생성할 수 있고, 최신 연구는 생성된 이미지 사이의 일관성을 유지하는 기술이 핵심 기술로 부각하고 있다.

이미지 생성형 AI의 한국 경쟁력과 발전 방안

이미지 생성형 AI 기술 관련 최근 12년간 공개된 주요국(한국, 미국, 일본, 유럽, 중국)들의 논문과 특허를 분석해 보면, 한국이 논문 영향력은 4위, 특허 영향력은 5위로 확인된다. 논문 영향력은 논문 건당 피인용 건수를 기반으로 논문의 질적 경쟁력을 측정하는 방법이고, 특허 영향력은 등록특허 건당 피인용 건수를 기반으로 특허의 질적 경쟁력을 측정하는 방법이다.

이미지 생성형 AI 기술이 향후 더욱 발전하기 위해서 몇 가지 정책적 접근이 필요하다.

첫째, 법 · 제도적 면에서 생성형 AI를 위한 개발 장비는 고가여서 당해 연구비로 충당하기 어려운 경우가 있다. 인건비 풀링(Pooling) 제도와 같이 장비를 위한 예산을 적립 또는 분할 집행할 방법이 필요하다. 인건비 풀링 제도는 학생들의 인건비를 유연하게 운영해 인건비가 단절되는 현상을 최소화한 것이다. 고가의 연구 장비는 비용이 수억 원을 호가하기도 해, 일부 연구비 대출이나 다수 과제에서 분할 구입을 지원하는 제도도 필요하다.

둘째, 이미지 생성형 AI 기술은 이론과 실습을 병행하는 기술로, 뛰어난 인재 양성을 위해서는 다양한 실습이 가능해야 하고, 산업체의 문제를 직접 경험할 수 있는 인력이 필요하다. 산학연의 협력 연구로 현장의 문제를 해결할 수 있는 인력 양성이 필요하다. 특히 대규모 모델은 모델의 개발과 활용이라는 두 가지 측면을 병행할 수 있는 프로그램이 필요하다. 산업체는 필요에 의해 인력을 수급하고 양성하지만, 핵심 기술은 전략적 지원 없이는 관련 인력 배출이 불가능하다. 기술 발전이 매우 빠르거나 기술 패권 도구로 사용되는 분야의 해외 유명 대학이나 기업과의 공동 연구를 유도해, 글로벌하게 경쟁력 있는 인력의 양성이 필요하다.

마지막으로 대부분 AI 기술이 대규모 컴퓨팅 자원과 데이터가 필요해, 기반이 되는 초거대 모델(예: 언어, 시각, 음성)의 지원 혹은 컴퓨팅 인프라 확대가 필요하다. 컴퓨팅 인프라는 한국지능정보사회진흥원(NIA), 한국과학기술정보연구원(KISTI) 등에서 공유해 사용하고 있으나, 대부분 연구자는 자신의 환경에서 구동을 원하기 때문에 공유에 한계가 있다. 따라서 유사 분야를 연구하는 연구 집단 대상의 공유 방안이 효과적이다. AI 데이터를 위한 확보는 최근 몇 년간 지속 지원하고 있으나, 사람의 지능을 사용한 데이터보다는 3D 데이터 또는 스튜디오 촬영 데이터에 치우치면서 현장 데이터는 다시 부족한 상황이다. 특히 실제 환경과 가상 환경 데이터는 큰 차이를 보여 일부 데이터는 연구와 데이터를 병행하는 노력이 필요하다.

이미지 생성형 AI 기술의 한국 논문 영향력(4위), 특허 영향력(5위)이 상대적으로 높지 않으므로, 정부 차원의 전략적 예산 투자가 필요하다. 또한 이미지 생성형 AI 기술이 향후 더욱 발전하기 위해서 고가의 연구 장비 지원, 공동 연구 기반 경쟁력 있는 인력 양성, 컴퓨팅 인프라 공유 등이 필요하다. 이미지 생성형 AI 기술은 텍스트 생성형 AI 기술 다음으로 유망하게 부상하는 기술로 완성도가 높아질수록 사회적 영향력도 클 것이다.

참고문헌

김일부(2023). 카카오브레인 AI딥테크 기업의 생태계 전략. 생성 AI 컨퍼런스.

성낙호(2023). 네이버 하이퍼클로바X, 우리의 경쟁력. 생성 AI 컨퍼런스.

한국과학기술기획평가원(2023). 2024년 KISTEP 미래유망기술 선정에 관한 연구 – 생성형 인공지능 시대의 미래유망기술. https://www.kistep.re.kr/boardDownload.es?bid=0031&list_no=93095&seq=1

Grand view research.(2023). Generative AI Market Size, Share & Trends Analysis Report By Components, By Application, By End-use, By Model, By Technology, And Segment Forecasts, 2023-2030.

Hassan, M. U., et al(2023). Image generation models from scene graphs and layouts: A comparative analysis. *Journal of King Saud University-Computer and Information Sciences*, 35(5), 101543.

Mildenhall, B., et al(2021). Nerf: Representing scenes as neural radiance fields for view synthesis. *Communications of the ACM*, 65(1), pp.99-106.

Sanghi, A., et al.(2023). Clip-sculptor: Zero-shot generation of high-fidelity and diverse shapes from natural language. *Proceedings of the IEEE/CVF Conference on Computer Vision and Pattern Recognition*, pp.18339–18348.

Tumanyan, N., et al.(2023). Plug-and-play diffusion features for text-driven image-to-image translation. *Proceedings of the IEEE/CVF Conference on Computer Vision and Pattern Recognition*, pp.1921–1930.

03
AI 전용 칩

AI 연산과 처리를 위한 AI 전용 칩 기술의 기본 개념을 이해하고, AI 전용 칩 기술이 가져올 미래 사회의 변화 모습을 전망한다. 또한 AI 전용 칩 기술의 한국 경쟁력과 필요한 정책 제언으로 미래 발전 방안을 모색한다.

AI 전용 칩 기본 개념

AI 전용 칩(AI Chip)은 기계 학습 모델을 구축해 AI 소프트웨어를 구현하기 위해 특화 설계된 시스템온칩(System on Chip) 반도체를 의미한다. 딥 뉴럴 네트워크(Deep Neural Network)와 관련된 AI와 머신러닝 작업을 가속시키는 하드웨어를 포함한다.

AI 전용 칩의 기술 범위는 ① 대규모 행렬 연산, 합성곱 등 AI 신경망 계산에 필요한 고성능 작업을 수행하는 뉴로모픽 컴퓨팅(Neuromorphic Computing), ② 추론이나 훈련 등으로 나눠 모바일, 에지(Edge), 데이터센터 상황에 맞춰 활용하는 기술, ③ 신경처리장치(NPU, Neural Processing Units) 하드웨어를 맞춤형으로 설계·제조하고 이를 소프트웨어와 결합해 최적화하는 기술을 포함한다.

첫째, 뉴로모픽 컴퓨팅 기술은 '신경(neuro)+형태를 갖춘(morphic)'이라는 용어 결합처럼 인간 뇌의 신경망 구조와 기능에 영감을 받아 컴퓨팅 시스템을 설계하고 구축하는 AI 컴퓨팅의 특화 분야다. 인간 뇌의 신경망을 모방해 효과적으로 정보를 처리할 수 있는 하드웨어와 소프트웨어를 만드는 방식으로, 전통적 컴퓨팅에서 사용하는 디지털 논리와 폰 노이만 아키텍처(Von Neumann architecture)에 의존하지 않으면서, 대규모 병렬 처리, 저전력 신경망 모방 계산 등에 집중이 가능하다.

둘째, 추론/학습과 분야별 활용 기술은 사전 훈련된 신경망 모델로 새로운 데이터에 대응해 예측/결정하고 자율주행이나 영상·음성 인식에 널리 활용되는 추론 기능과, 딥 뉴럴 네트워크의 훈련을 위한 역전파 및 최적화 알고리즘에서 발생하는 복잡한 수학적 계산을 가속 처리하는 훈련 기능으로 나누어 활용하는 기술이다. 모바일 단말 기기의 AI 처리를 위해 설계된 온디바이스 AI 기반의 모바일 신경 처리 장치, 네트워크 에지에서의 AI 처리에 맞춰진 에지 장치에서의 실시간 지향 AI 기능을 제공하는 에지 신경처리장치, 데이터센터 환경에 최적화되어 대규모 AI 및 머신러닝 작업에 대한 고성능 처리를 담당하는 데이터 센터 신경처리장치 등 분야별로 신경 처리 장치를 구현하고 활용하는 기술이다.

셋째, 신경 처리 장치 하드웨어와 소프트웨어 최적화 기술은 신경 처리 장치 구현을 위한 하드웨어 설계나 제조에서 전용·통합 가속 방식, 사용자 정의 실리콘 및 재구성, 저전력 설계 등을 최적으로 선택하고 뉴로모픽 컴퓨팅도 접목해 만들어진 하드웨어 및 소프트웨어 최적화를 달성하는 기술이다. 최적화를 효율적으로 실행하고 활용하기 위해 프로그램, 라이브러리, 프레임워크를 포함해 AI 모델을 개발, 훈련 · 배포하는 데 필요한 인터페이스와 도구를 제공하고 전체 최적화를 달성한다.

AI를 위한 범용성을 확보한 그래픽 저장 장치(GPU, Graphic Processing Units)는 연산 처리의 최적화로 대용량 데이터 처리가 필요한 다양한 산업군에서 폭넓게 활용되어 기술이 고도화하고 제조 기법이 성숙해졌다. 하지만 그래픽 저장 장치는 범용적 연산 처리 최적화를 추구하는 특성상 제한된 AI 환경에는 과다할 수 있어 비용과 전력 소모가 크다는 단점이 있다. 특정한 AI 추론/훈련에 최적으로 설계하고 제조할 수 있는 신경 처리 장치(NPU)는 동급의 그래픽 저장 장치(GPU)보다 처리 속도도 빠르고 전력도 적게 소모한다. 다목적으로 고비용이 지속되는 그래픽 저장 장치와 달리 목적에 맞춘 사양별 맞춤 방식으로 가격 경쟁력도 확보할 것으로 기대된다. AI 칩 디자인에 특정 도메인에 특화된 아키텍처를 채택한 신경 처리 장치를 활용해 독특한 AI 계산 요구 사항에 대응하면서, 성능 효율성과 저지연 제공, 병렬 처리와 전력 효율성, 다양한 AI 모델 유형과 데이터 정밀도 지원, 메모리 계층 최적화와 확장성, 비용 효율적인 소형화 지원 등이 가능할 것이다.

AI 전용 칩과 미래 사회 변화 모습

AI 전용 칩이 가져올 미래 사회 변화 모습을 사회, 경제, 기술적으로 전망해 보았다. 사회(Social), 기술(Technology), 경제(Economy), 환경(Ecology), 정책(Policy)의 거시적 영역에서 변화 요인과 변화 핵심 동인을 분석하는 STEEP 분석에 기반을 두고, 시점은 향후 5~10년 내를 기준으로 미래 변화 모습을 예측했다.

사회적으로 볼 때 인간 중심 AI 기술이 발전한다면 2030년경에는 멀티모달(Multi-modal) 수준의 복잡성을 극복하고 설명 가능하며 신뢰 높은 AI 기술이 개발되어 보다 성숙되면서 안전하고 풍요로운 삶을 지원하게 될 것이다. 신경망 처리에 기반을 둔 AI 전용 칩은 3세대 뉴로모픽 컴퓨팅 단계 도달 후 차기 단계로 발전하는 미래형 초저전력 고성능/대규모 AI 처리를 감당할 것이다.

경제적으로 AI 서비스 실현의 기반인 AI 전용 칩 분야는 집중 연구개발(R&D) 투자에 부응하면서 폭발적으로 성장할 것으로 기대된다. 특히 대상 분야별로 최적의 가성비를 확보할 수 있는 도메인-특화 구조를 다양하게 접목한 신경 처리 장치 활용 창의자율적 AI와 결합된 산업(AI + X) 형태의 AI 융복합 서비스가 활성화할 것이다. 반도체 전문가들은 IT 산업 전반에 AI가 적용되면서, 시스템 반도체 산업도 AI 반도체의 비중이 급속히 확대되며 점차 재편될 것으로 분석한다. 한국 정부는 2024년 AI 반도체, 첨단 바이오, 양자 기술을 3대 게임 체인저 분야로 지정해 집중적 예산 투자를 할 계획이다.

기술적으로 한국형 클라우드 기술 로드맵에서 추진하는 신경 처리 장치(NPU)나 연산 메모리(PIM, Processing-in-memory) 방식과 진화된 뉴로모픽 컴퓨팅 방식의 AI 반도체 구현 · 활용 기술이 확보될 것으로 기대된다. 국산 AI 반도체가 출시되고 동시에 활용의 극대화를 위한 소프트웨어 개발과 레퍼런스 확보를 위한 실증이 병행되고, AI 반도체-클라우드-AI 서비스로 구성된 산업 생태계 조성을 위한 산업체-학교-연구소 간 협업 체계가 구축된다면 기술 확보 역시 성공적일 것이다.

AI 전용 칩 한국 경쟁력과 미래 발전 방안

AI 전용 칩 기술 관련 최근 12년간 공개된 주요국(한국, 미국, 일본, 유럽, 중국)들의 논문과 특허를 분석해 보면, 한국이 논문 영향력은 4위, 특허 영향력은 5위로 확인된다. 논문 영향력은 논문 건당 피인용 건수를 기반으로 논문의 질적 경쟁력을 측정하는 방법이고, 특허 영향력은 등록특허 건당 피인용 건수를 기반으로 특허의 질적 경쟁력을 측정하는 방법이다.

AI 전용 칩 기술이 향후 더욱 발전하기 위해서는 몇 가지 정책적 접근이 필요하다.

첫째로 법·제도적 측면에서 신뢰 가능한(responsible) AI 기술을 효과적으로 지원하기 위해서는 AI 반도체에 내재되어 플랫폼, 서비스 소프트웨어 기술과 결합하는 하드웨어 칩 기술이 필요하다. 신뢰 가능한 AI 컴퓨팅을 위한 하드웨어 내재형 기능 지원 수준을 시장 성숙도와 기술 안정성 확보에 따라 점차 적용하는 AI 규정과 윤리 정책의 준비가 필요하다. 또한 한국의 메모리 반도체 강국 이점을 AI 반도체와 신속하고 유연하게 결합하도록 생태계 조성을 지원하는 체계화된 지원 전략의 실행이 요구된다. 한편 AI 산업의 확대에 따른 글로벌 AI 반도체 협력의 블록화와 글로벌 선도 기업의 시장 독점에 유연하게 대응하도록 제도적 완충 지원 전략도 필요하다.

둘째, 인력 양성 측면에서 AI 기술과 반도체 기술을 함께 접목하면서 실증·체험 기반으로 교육·훈련할 수 있는 실증형 팹(Fab)과 서비스 테스트베드(Testbed)를 연계하는 특화된 교육 환경과 프로그램이 필요하다. 클라우드 기반의 AI 컴퓨팅 인프라, 플랫폼, AI와 산업 융합 서비스 테스트베드를 유기적으로 연결해 상시 운영하면서 교육과 연구를 병행하도록 지원해야 한다. 또한 AI 반도체의 핵심인 설계 역량 확보를 위해 대학의 고급 인재 유치 · 육성이 중요하며, 산업체 · 학교 · 연구소 협력의 연구개발과 수요 기업-팹리스-파운드리의 가치 사슬 및 생태계 구축이 제도적으로 필요하다.

마지막으로 인프라 구축 측면에서 후발 주자인 국내 팹리스(Fabless) AI 반도체 업체를 위한 원천 기술 개발과 시장에서의 테스트베드 구축이 필요하다. 반도체 제조 강국으로서 글로벌 경쟁력을 활용하고, 창의적 아이디어가 핵심인 팹리스 기업의 경쟁력으로 연계하기 위해 인프라 보강과 혁신 기술 선점 전략도 필요하다.

AI 전용 칩 기술 관련 한국의 논문 영향력(4위), 특허 영향력(5위)이 상대적으로 높지 않으므로, 정부 차원의 전략적 예산 투자가 필요하다. 또한 AI 전용 칩 기술이 향후 더욱 발전하기 위해서 AI 반도체에 내재되어 플랫폼, 서비스 소프트웨어 기술과 결합하는 하드웨어 칩 기술 개발, 실증형 팹과 서비스 테스트베드를 연계하는 특화된 교육환경과 프로그램, 원천기술 개발과 시장에서의 테스트베드 구축 등이 필요할 것이다. AI 전용 칩 기술은 AI 기술 구현을 위한 필수 하드웨어 기술로서 생성형 AI 기술 발전에 기여가 가능할 것이다.

참고문헌

소프트웨어정책연구소(2022). 인공지능(AI) 반도체의 산업경쟁력.

정보통신기획평가원(2021). 스파이킹 뉴럴 네트워크(Spiking Neural Network) 기반 인공지능 반도체: 이것이 답일까?. ≪주간기술동향≫ 2010. https://iitp.kr/kr/1/knowledge/periodicalViewA.it?searClassCode=B_ITA_01&masterCode=publication&identifier=1193

정보통신기획평가원(2021). 인공지능 반도체, 미래성장동력을 넘어 국가안보의 핵심기술로 부상. ≪ICT Spot Issue≫, 2021-07. https://www.iitp.kr/kr/1/knowledge/policyDataViewA.it?searClassCode=B_ITA_17&masterCode=publication&identifier=02-001-210729-000004

한국전자통신연구원(2022). AI 반도체 시장 동향 및 한국 경쟁력 분석. ≪ETRI Insight≫.

한국과학기술기획평가원(2023). 2024년 KISTEP 미래유망기술 선정에 관한 연구 - 생성형 인공지능 시대의 미래유망기술. https://www.kistep.re.kr/boardDownload.es?bid=0031&list_no=93095&seq=1

Davies, M., et al.(2021). Advancing neuromorphic computing with loihi: A survey of results and outlook. *Proceedings of the IEEE*, 109(5), pp.911-934.

Krishnakumar, A., et al.(2023). Domain-specific architectures: Research problems and promising approaches. *ACM Transactions on Embedded Computing Systems*, 22(2), pp.1-26.

04

개인 맞춤형 AI

개인 자원의 관리와 이용을 지원하는 개인 맞춤형 AI 기술의 기본 개념을 이해하고, 개인 맞춤형 AI 기술이 가져올 미래 사회의 변화 모습을 전망해 본다. 또한 개인 맞춤형 AI 기술의 한국 경쟁력과 필요한 정책으로 미래 발전 방안을 모색해 본다.

개인 맞춤형 AI 기본 개념

개인 맞춤형 AI는 개인의 상황에 맞게 AI가 개별 혜택을 제공하는 것으로 각 개인의 특성과 선호, 행동 패턴을 분석해 최적화된 서비스를 제공하는 것을 의미한다.

개인 맞춤형 AI는 최근 초개인화 시대의 도래로 더욱 각광 받고 있다. 기술 범위는 ① 생성형 AI, ② 딥 러닝, ③ 자연어 처리, ④ 추천 시스템, ⑤ 데이터 분석 등을 포함한다.

생성형 AI 기술은 다양한 분야에서 개인화 서비스가 고도화할 것으로 보인다. 특히 오픈AI는 플러그인 ChatGPT를 기반으로 동작할 수 있는 애플리케이션 프로그램 인터페이스(API, Application Programming Interface) 기능으로 많은 애플리케이션 개발 · 서비스 제공자들이 활용 가능하다. 서비스 개시로 다양한 외부 유입 요인을 유도하고 있으며, 각 분야별 서비스 애플리케이션 제공자들이 자사의 서비스 고도화를 이룰 것으로 보인다.

딥 러닝 기술은 인공 신경망 알고리즘에 기초해 복잡한 패턴을 인식하고 학습하는 기술이다. 이미지 인식, 음성 인식 등에서 주로 활용되나 사용자의 행동 패턴을 세밀하게 학습하고 파악하는 데도 활용된다.

자연어 처리 기술은 사람이 사용하는 일상 언어를 이해하고 처리할 수 있는 기술로, 텍스트 인식과 음성 인식 등으로 대화형 AI를 구현해 검색 엔진이나 감정 분석 등에도 활용될 수 있어 사용자와의 소통으로 개인화한 서비스 제공에 필요하다.

추천 시스템 기술은 사용자의 과거 행동과 선호 요소 등을 분석해 그에 맞는 아이템이나 서비스를 추천하는 데 활용되는 기술이다. 개인화한 서비스 제공을 위한 사용자 경험 향상에 필요하다.

데이터 분석 기술은 서비스에 필요한 데이터나 사용자들이 만들어 낸 데이터 로그 등 거대한 데이터 집합 속에서 유용한 정보를 추출하고, 해당 정보를 학습해 결정을 내릴 수 있게 하는 기술이다.

개인 맞춤형 AI 서비스는 제공되는 서비스 품질의 향상과 서비스 제공자의 경쟁력 강화, 고객의 만족도 증대 등에 기여할 수 있는 기술이다. 서비스 제공자의 경쟁력 강화 측면에서, 기업들은 차별화한 서비스를 제공해 경쟁 우위를 확보하고 시장에서 우월한 가치를 제공하는 것이 가능하다. 고객의 만족도 증대 요구는 날로 늘어나고 있으며, 개인화한 서비스는 고객이 자신의 필요와 선호가 잘 이해되고 존중받는 것으로 느끼게 해 만족도를 높이고 고객의 충성도를 증대한다. 개인 맞춤형 AI의 서비스 기술을 기반으로 기업은 데이터 기반의 의사결정과, 자원의 효과적 활용이 가능하다. 서비스 제공 기업은 이 기술을 활용해 고객의 선호나 행동 패턴에 기반을 둔 효율적 마케팅 전략을 수립하거나, 더 효과적인 제품 개발하거나 서비스 제공을 위한 인사이트를 얻는 것이 가능하다.

세계 주요국 및 IT 서비스 기업들은 개인 맞춤형 AI의 서비스 기술에 지속적인 투자 · 개발을 추진하며 세계 시장을 선점하는 상황이다. 구글은 미리 사용자의 검색 이력을 바탕으로 사용자가 관심 있어 하는 주제 관련 맞춤형 광고를 서비스하고 있다. 최근 개인 정보 보호 관련 제재를 받았으나, 사용자 설정에 따라 임시 인터넷 파일(쿠키) 등을 기반으로 맞춤형 광고를 제공한다. 아마존은 고객의 구매 이력을 바탕으로 하는 쇼핑 물품 추천이나 물류 예측 자동화로 기업 유통 관리 비용 절감과 매출 상승 효과를 거두었다. 또한 맞춤 건강 관리(헤일로), 맞춤 의류서비스(made for you), 개인화 추천 서비스(Amazon Personalize) 등 맞춤형 서비스를 다각화하고 있다. 세계 OTT(Over-the-top) 점유율 2위이자 국내 점유율 1위 기업인 넷플릭스는 콘텐츠 도서관의 사서로 불릴 만큼 개인 맞춤형 콘텐츠 추천에 특화된 서비스를 제공하고 있다. 사용자의 시청 이력과 평가를 기반으로 취향에 맞는 콘텐츠를 정리하고 추천한다. 유럽은 개인 정보 보호 정책(GDPR, General Data Protection Regulation)을 진행하면서도 투자를 확대하는 추세다. 스웨덴의 스포티파이는 개인화한 음악 추천 서비스를 제공한다. 일본은 주로 이커머스(e-commerce)분야와 로봇에 맞춤형 서비스를 활용하고 있는데, 대표적인 전자상거래 기업 라쿠텐(Rakuten)은 사용자의 검색 행동이나 구매 이력을 분석해 개인화한 추천을 제공한다. 로봇 기술 기업 소프트뱅크로보틱스(Softbank Robotics)는 자사의 로봇인 페퍼(Pepper)에 AI 기술을 적용해 고객의 감정을 파악하고 반응을 보이는 서비스를 제공하고 있다.

개인 맞춤형 AI 미래 사회 변화 모습

개인 맞춤형 AI 기술이 가져올 미래 사회 변화 모습을 사회, 경제, 기술적으로 전망해 보았다. 사회(Social), 기술(Technology), 경제(Economy), 환경(Ecology), 정책(Policy)의 거시적 영역에서 변화 요인과 변화 핵심 동인을 분석하는 STEEP 분석에 기반을 두고, 시점은 향후 5~10년 내를 기준으로 미래 변화 모습을 예측했다.

사회적으로 개인 맞춤형 AI 기술은 사회 전반에 걸쳐 변화를 이끌어 내며, 일상의 삶에 영향을 미칠 것으로 전망된다. 세계경제포럼(WEF, World Economic Forum)은 일상의 삶에 큰 영향을 미칠 5개 기술에 의한 2030년 미래상과 글로벌 트렌드를 예측했는데, 이 5개 기술 중 한 가지가 개인 맞춤형 AI 기술이다. 개인 맞춤형 AI 서비스는 행동 인터넷(Internet of Behaviors) 센서를 기반으로 사람들의 다양한 행동 데이터를 수집 · 분석해 선제적으로 개인 맞춤 서비스 제공이 가능해질 것이다.

경제적으로 AI 기반의 초개인화는 국내외 기업의 마케팅 트렌드를 변화시키고, 시장 경쟁력을 확보하기 위한 필수 요건으로 자리매김할 것으로 전망된다. 기업이 고객의 선호를 더욱 정확하게 파악하고, 개인화한 경험을 제공해 고객 만족도를 높이는 데 기여할 것이다. 개인 맞춤 서비스 전략으로 투자 수익률은 5~8배, 매출은 10% 이상 증가할 것으로 전망된다.

기술적으로 현재의 AI 기술은 이미 많은 개인화 서비스를 가능하게 했지만, AI 알고리즘의 진화는 이를 더욱 향상시킬 것이다. 개인 맞춤형 AI 기술 서비스를 가능하게 하기 위한 기초 기술(딥 러닝, 자연어 처리, 추천 시스템, 데이터 분석 등)은 고도화해, 더욱 정교한 머신러닝 알고리즘과 AI 모델이 고객의 행동을 더욱 정확하게 예측하고, 개인화한 경험을 제공할 것이다. 특히 대량의 데이터를 효과적으로 처리하고 분석하는 기술은 개인 맞춤형 AI 기술의 핵심으로, 클라우드 컴퓨팅, 빅데이터 분석, 에지 컴퓨팅 등의 연계 기술들 또한 이 분야에서 중요한 역할을 할 것이다. AI의 세부 분야에서 이미 인간의 수준을 넘었거나 근접한 기술들이 나타나고 있다. 모두 개인 맞춤형 AI 기술 서비스와 연관성이 높은 기술들로 향후 기술 개발로 고도화하면, 기술의 대중화와 일반화 차원의 확산에 무게가 실릴 것으로 보인다.

개인 맞춤형 AI 한국 경쟁력과 발전 방안

개인 맞춤형 AI 기술 관련 최근 12년간 공개된 주요국(한국, 미국, 일본, 유럽, 중국)들의 논문과 특허를 분석해 보면, 한국이 논문 영향력은 3위, 특허 영향력은 5위다. 논문 영향력은 논문 건당 피인용 건수를 기반으로 논문의 질적 경쟁력을 측정하는 방법이고, 특허 영향력은 등록특허 건당 피인용 건수를 기반으로 특허의 질적 경쟁력을 측정하는 방법이다.

개인 맞춤형 AI 기술이 향후 더욱 발전하기 위해서 몇 가지 정책적 접근이 필요하다.

첫째, 원천 기술 개발 측면에서 개인 맞춤형 AI 기술 서비스를 가능하게 하기 위한 AI 원천 기술 관련 투자 및 개발이 시급하다. 이미 클라우드 컴퓨팅이나 빅데이터 분야의 탄탄한 인프라를 바탕으로 고성능 초거대 AI 모델(파운데이션 모델)을 확보하고 있는 선도국과의 격차를 지금 좁히지 못하면, 국내 시장 잠식과 의존도가 높아질 것이다. 초기 투자와 운영 비용이 많이 드는 클라우드와 빅데이터 인프라 구축은 리스크를 감당할 수 있는 정부와 재정력이 뒷받침되는 대기업 위주로 고도화한다. 따라서 응용 서비스 기업들은 독창적이고 다양한 서비스로 연계되는 생태계 조성이 필요하다.

둘째, 법 · 제도적 측면에서 개인 맞춤형 AI 기술 서비스가 가능하고 고도화하기 위해서는 대량의 데이터 수집 · 분석이 필수다. 따라서 개인 정보 보호와 데이터 보호 관련 법률적 완화점을 찾는 것이 중요하다. 최근 유럽을 필두로 데이터 보호와 개인 정보 보호가 매우 중요한 이슈로 부각되어 데이터 프라이버시 관련 법적 지침과 규제는 더욱 강화할 것이다. 법률 준수는 개인 맞춤형 서비스를 비즈니스 모델로 삼은 기업에게 중요한 도전이다. 특히 학습할 데이터의 개인 정보 비식별화가 필요하며, 포괄적 의미의 사전 활용, 사후 승인 형태의 공정 이용 저작권 보장이 필요하다.

셋째, 디지털 평등 측면에서 기술 발달로 디지털 혜택의 공평성과 접근성 논의가 더욱 활발해질 것으로 보인다. AI를 기반으로 하는 서비스의 개인화는 사람들에게 필요한 정보와 서비스에 보다 효율적으로 접근하게 하지만, 모든 사람들이 이러한 서비스를 동일하게 이용할 수 있게 하는 것이 중요하다.

마지막으로 직업 측면에서 AI 분야 전반에 걸친 인재 부족 현상을 완화하기 위한 지원책 강화가 필요하다. 동시에 채용 시장에서 직무 관련 요구 역량에 변화가 있을 것으로 보인다. AI 기술의 발전과 활용은 고용 측면에서도 변화를 가져올 것이며, 개인 맞춤형 서비스를 실현하기 위한 새로운 기술적 전문 지식을 요하는 직무 역량이 요구될 것이다. 이를 충족시키기 위한 직무 역량 교육이나 인재 양성 교육은 AI 활용 역량 강화와 창의력 중심, 기존 숙련 기술을 대체할 지속 훈련, 디지털 신기술을 활용하는 교육으로 수렴되어야 할 것이다.

개인 맞춤형 AI 기술 관련 한국의 논문 영향력(3위), 특허 영향력(5위)이 다른 기술에 비해 상대적으로 낮지 않으므로, 경쟁력 유지를 위해 정부 차원의 집중적 예산 투자가 필요하다. 또한 개인 맞춤형 AI 기술이 향후 더욱 발전하기 위해서는 원천 기술 개발, 개인 정보 보호와 데이터 보호 보완, 디지털 혜택의 공평성과 접근성, 인재 부족 현상 지원 등이 필요할 것이다.

참고문헌

소프트웨어정책연구소(2023). 생성AI의 부상과 산업의 변화. https://spri.kr/posts/view/23608?code=data_all

이항 · 김준환(2021). 구독서비스에서 개인화 서비스 vs. 맞춤화 서비스가 고객만족 및 구매의도에 미치는 영향. ≪융복합지식학회논문지≫, 9(1), 17-28쪽.

한국지능정보사회진흥원(2022). 주요 국가 AI 정책 분석. ≪IT & Future Strategy≫, 2022-10. https://www.nia.or.kr/site/nia_kor/ex/bbs/View.do?cbIdx=25932&bcIdx=25130&parentSeq=25130

한국과학기술기획평가원(2023). 2024년 KISTEP 미래유망기술 선정에 관한 연구 - 생성형 인공지능 시대의 미래유망기술. https://www.kistep.re.kr/boardDownload.es?bid=0031&list_no=93095&seq=1

EuropeanCommission(2021). Proposal for a Regulation laying down harmonized rules on artificial intelligence (Articial Intelligence Act) and amending certain Union Legislative Acts.

Market Research Future(2023). Artificial Intelligence-based Personalization Market.

Park, J S, et al.(2023). Generative agents: Interactive simulacra of human behavior. arXivpreprint arXiv:2304.03442.

VentureBeat(2015). The personalization curve: Just how far along

is your brand?.
WEF(2017). 5 predictions for what life will be like in 2030.

05
음성 생성형 AI

음성 분할, 화자 인식, 음성 생성 등이 가능한 음성 생성형 AI 기술의 기본 개념을 이해하고, 음성 생성형 AI 기술이 가져올 미래 사회의 변화 모습을 전망해 본다. 또한 음성 생성형 AI 기술의 한국 경쟁력과 필요한 정책 제언으로 미래 발전 방안을 모색해 본다.

음성 생성형 AI 기본 개념

음성 생성형 AI는 생성된 결과물이 음성 신호이며 특히 인간이 인식할 수 있는 감정이 그 음성 신호에 표출이 되거나, 생성 단계의 내부에서 파라미터의 일부로서 사용되어 음성을 생성하는 기술을 의미한다.

음성 생성형 AI의 기술 범위는① 음성 합성 기술, ② 자동 통역 기술, ③ 음원 · 화자 분리 기술, ④ 음성 생성 기술 등을 포함한다.

첫째, 음성 합성 기술은 주어진 텍스트를 음성으로 변환하는 기술이며 티티에스(TTS, Text-to-Speech)로도 널리 알려져 있다. 최근에는 딥 러닝 기술이 적용되면서 성능이 급속히 개선되었다. 특히 감정을 표현하는 자연스러운 음성 신호를 생성하기 위한 다양한 기술을 개발하고 있다. 둘째, 자동 통역 기술은 음성 인식 기술과 자동 번역 기술, 음성 합성 기술이 모두 통합된 음성 언어 분야의 대표 기술로 원시 언어로 발성된 음성 신호를 목적 언어로 번역해 음성 신호를 출력하는 기술이다. 최근 딥 러닝 기술과 생성형 AI 기술의 발전으로 원시 언어의 음성 인식을 이해해 바로 목적 언어의 음성을 생성하는 연구도 활발히 진행되고 있다. 셋째, 음원 · 화자 분리 기술은 한 사람의 음성 신호에 잡음이 포함되어 있거나 또는 여러 사람에게서 동시 또는 순차로 발성하는 음성 신호를 목적하는 신호 이외의 것을 제거해 원하는 신호만을 출력하는 기술이다. 단독으로 사용될 수도 있으나, 주로 음성 인식 시스템의 전처리 기술로서 음성 인식 성능과 사용자 편의성을 향상시키기 위한 방법으로 대부분 사용된다. 넷째, 음성 생성 기술은 기본적으로 음성 합성 기술의 일부로 보아도 되나 그 방법론에서 생성 모델을 사용한다는 측면과 입력으로서 텍스트 이외의 이미지나 영상 등 다양한 종류의 입력을 사용해도 동일한 방법론으로 구현 가능하다는 측면에서 음성 합성 기술과 차별점을 가진다.

최근 ChatGPT 등 거대 언어 모델의 등장으로 AI 기술이 사회 전반에 미치는 영향이 급속히 커지며 일반인도 보다 쉽게 접할 수 있는 음성 인터페이스 기술이 요구된다. 음성 인터페이스는 인간과 기계가 상호작용하는 데 가장 직관적이고 편리한 인터페이스로, 음성 인식 · 음성 합성 기술은 AI 기술 중 가장 오래된 분야 중 하나로 최근 AI 기술의 급속한 발전에 따라 그 성능과 활용도가 높아진 분야다. 구글은 2018년 구글 듀플렉스로 인간과 자연스럽게 대화하는 음성 기반 AI 비서 서비스를 시연했다. 이와 유사한 챗봇 서비스, 음성 자동 응답(ARS,

Automated Response System) 서비스, AI 스피커 등은 이미 여러 수준에서 상용화해 널리 사용되고 있다. 음성 AI 비서나 정보 검색 서비스는 상당 부분 시장에 도입되었으나, 아직 기계가 생성한 음성과 인간의 음성은 상당한 수준의 차이를 보인다. 특히 인간처럼 자연스러운 감성을 포함하는 음성 생성 기술은 연구실 수준에 머물고 있다. 자동 통역 기술 또한 텍스트 번역의 수준에 비해 음성 통역 성능은 낮은 편이며 음성 인식과 합성 기술의 발전에 따라 개선의 여지가 큰 분야다.

음성 생성형 AI 미래 사회 변화 모습

음성 생성형 AI 기술이 가져올 미래 사회 변화 모습을 사회, 경제, 기술적으로 전망해보았다. 사회(Social), 기술(Technology), 경제(Economy), 환경(Ecology), 정책(Policy)의 거시적 영역에서 변화의 요인과 변화 핵심 동인을 분석하는 STEEP 분석에 기반을 두고, 시점은 향후 5~10년 내를 기준으로 미래 변화 모습을 예측했다.

사회적으로 음성 합성 분야는 이미 상용화 수준에 도달했으며, 우리의 일상생활에서 널리 사용되고 있다. 향후 영상 분야와 언어 분야의 생성형 AI 기술과 결합해 AI만으로 높은 수준의 영화 제작이 가능해질 것으로 예상된다. 자동 통역 분야는 현재에도 구글, 네이버 등 다양한 업체에서 자동 통역 서비스를 제공하고 있으며 10년 내에 성능면에서 만족할 만한 수준에 이를 것으로 예상된다. 이 기술은 여행 산업과 교육 산업에 커다란 영향을 줄 것으로 보인다.

경제적으로 블룸버그 인텔리전스 보고서(Bloomberg Intelligence Report)에 따르면 생성형 AI 시장은 향후 10년간 매년 42% 확장해 2032년까지 1조 3000억 달러 규모로 커질 것으로 보이는데, 음성 생성형 AI 기술도 동시에 급성장이 예상된다.

기술적으로, 음성 생성형 AI 기술은 보다 다양한 감정을 소량의 데이터만으로 원하는 목소리의 음성을 생성하는 방향으로 발전하고 있다. 또한 거대 언어 모델의 언어 생성과 유사한 수준으로 자유롭고 창의적인 음성을 생성하는 기술로 발전할 것이다. 음성 합성 기술은 현재 영어 기준 3초 기준으로 처리가 가능하나 향후 다양한 언어에서 3초 이내 처리를 목표로 한다. 자동 통역 기술은 현재 언어 · 평가 세트마다 상의한 수준을 보이나 향후 주요 언어를 대상으로 일상 대화도 통역 가능한 수준이 기대된다.

음성 생성형 AI 한국 경쟁력과 발전 방안

음성 생성형 AI 기술 관련 최근 12년간 공개된 주요국(한국, 미국, 일본, 유럽, 중국)들의 논문과 특허를 분석해 보면, 한국이 논문 영향력은 3위, 특허 영향력은 5위로 확인된다. 논문 영향력은 논문 건당 피인용 건수를 기반으로 논문의 질적 경쟁력을 측정하는 방법이고, 특허 영향력은 등록특허 건당 피인용 건수를 기반으로 특허의 질적 경쟁력을 측정하는 방법이다.

음성 생성형 AI 기술이 향후 더욱 발전하기 위해서 몇 가지 정책적 접근이 필요하다.

첫째, 법 · 제도 측면에서 딥 러닝 기술은 대규모 데이터가 필수다. 합리적인 법과 제도로 개인 정보를 보호하면서 데이터의 수집 배포도 자유롭게 할 수 있는 방법의 논의가 필요하다. 음성 생성형 AI 연구에서는 음성 데이터와 텍스트 데이터를 모두 다루고 있고, 정부 지원 사업 등으로 다양한 데이터베이스가 수집되고 있으나, 개인 정보 보호법에 따라 민감 정보를 별도 처리해야 하므로 데이터의 수집 · 배포에 어려움이 존재하는 상황이다.

둘째, 인프라 측면에서 최근 들어 연구가 활발히 진행 중인 대용량 데이터를 이용한 사전 학습 모델의 훈련에는 대규모 그래픽 카드와 고속 네트워크 장비가 필요하다. 특히 음성 데이터는 같은 정보를 담고 있는 텍스트 데이터에 비해 용량이 10배 이상 커 더 큰 규모의 장비가 필요하다. 중소기업은 이러한 장비를 구입해 활용하는 것이 쉽지 않다. 중소 업체들이 공동으로 사용할 수 있는 인프라 지원 논의도 필요하다.

음성 생성형 AI 기술의 한국 논문 영향력(3위), 특허 영향력(5위)이 다른 기술에 비해 상대적으로 낮지 않으므로, 경쟁력 유지를 위해 정부 차원의 집중적 예산 투자가 필요하다. 또한 음성 생성형 AI 기술이 향후 더욱 발전하기 위해 음성과 텍스트 데이터 수집 관련 개인 정보 보호 · 데이터 보호 보완, 고가 하드웨어 장비의 인프라 지원 등이 필요할 것이다. 음성 생성형 AI 기술은 인간과 기계가 상호작용하는 데 가장 직관적이고 편리한 인터페이스로서 사회적 영향력이 높을 것이다.

참고문헌

대외경제정책연구원(2021). 중국의 인공지능 음성인식 기술 대표주자 아이플라이테크.

대외경제정책연구원(2023). 중국의 데이터 안보와 딥페이크 · 알고리즘 규제의 시사점.

조병한(2022). 인공지능 음성합성 시스템의 학습용 데이터에 대한 실연자의 권리. ≪미디어와 인격권≫, 8(2), 183-220쪽.

한국과학기술기획평가원(2023). 2024년 KISTEP 미래유망기술 선정에 관한 연구 - 생성형 인공지능 시대의 미래유망기술. https://www.kistep.re.kr/boardDownload.es?bid=0031&list_no=93095&seq=1

Gartner(2021). Maverick Research: Forget About Your Real Data - Synthetic Data Is the Future of AI. https://www.gartner.com/en/documents/4002912

Google Research(2022). AudioLM: a Language Modeling Approach to Audio Generation. https://research.google/blog/audiolm-a-language-modeling-approach-to-audio-generation/

Wall Street Journal(2023). China, a Pioneer in Regulating Algorithms, Turns Its Focus to Deepfakes. https://www.wsj.com/articles/china-a-pioneer-in-regulating-algorithms-turns-its-focus-to-deepfakes-11673149283

06
AI 클라우드 플랫폼

머신러닝 도구 사용자에게 클라우드 형식으로 제공하는 AI 클라우드 플랫폼 기술의 기본 개념을 이해하고, AI 클라우드 플랫폼 기술이 가져올 미래 사회의 변화 모습을 전망해 본다. 또한 AI 클라우드 플랫폼 기술에 대한 한국의 경쟁력과 필요한 정책 제언으로 미래 발전 방안을 모색해 본다.

AI 클라우드 플랫폼 기본 개념

AI 클라우드 플랫폼 기술은 머신 러닝 프로젝트의 계획부터 프로덕션의 모델 유지 관리까지 머신 러닝 모델 사용의 전체 라이브 사이클을 지원하는 클라우드 기반 플랫폼으로 효과적인 머신 러닝과 딥 러닝 모델을 구축하기 위해 다양한 기능을 제공하는 플랫폼이다.

AI 클라우드 플랫폼 기술의 범위는 ① 데이터 관리와 전처리, ② 머신 러닝 모델의 개발과 학습, ③ 머신 러닝 모델의 배포와 모니터링을 포함한다.

첫째, 데이터 관리와 전처리는 수집 혹은 업로드할 대상 데이터를 정의하고 획득한 데이터를 확인 · 검수하는 기술을 포함한다. 수집한 데이터를 머신 러닝 모델 훈련에 사용할 수 있게 머신 러닝 대상 데이터를 정의하고 전처리해 모델링 데이터 세트를 구성하는 기술이다.

둘째, 머신 러닝 모델 개발과 학습은 머신 러닝 알고리즘을 개발 혹은 사전에 개발한 머신 러닝 알고리즘을 사용해 머신 러닝 파이프라인을 구성하고 모델 학습과 검증 과정을 진행하는 기술, 자동으로 모델을 설계 · 훈련 · 하이퍼파라미터 탐색을 진행하는 자동 기계 학습(AutoML, Auto Machine Learning) 기술을 포함한다.

셋째, 머신 러닝 모델의 배포와 모니터링은 훈련한 머

신 러닝 모델을 사용자에게 배포 · 서비스하고 서비스 상태를 모니터링하며 서비스 과정의 머신 러닝 모델의 예측 결과를 분석하는 기술을 포함한다.

미국의 구글, 아마존 등과 중국의 알리바바, 화웨이 등 빅테크 기업들은 이미 AI 클라우드 플랫폼 기술을 개발하고 시중에 출시해 서비스를 제공하고 있으며 다양한 분야의 사용자가 AI 클라우드 플랫폼 사용을 시도하고 있다. 그동안 우리 사회의 디지털 전환이 진행되면서 기업들의 클라우드 도입이 빠르게 확산되고 있다. 디지털 전환이 적용되는 많은 정보통신(IT) 기술들이 대부분 클라우드로 제공된다. AI와 빅데이터의 중요성이 커짐과 동시에 빅데이터의 수집 · 저장 · 분석을 위한 방대한 컴퓨팅 자원과 AI 개발을 위한 슈퍼컴퓨터를 개별 기업이 별도로 구입하는 것은 현실적이지 않은 관계로 클라우드가 4차 산업혁명의 기초 인프라로 부각될 것이다. 다양한 AI 클라우드 플랫폼이 존재하지만 데이터 수집 · 검증, 데이터 전처리 단계에 개선해야 할 사항이 존재하고 지속적인 연구가 필요하다.

AI 클라우드 플랫폼 미래 사회 변화 모습

AI 클라우드 플랫폼 기술이 가져올 미래 사회 변화 모습을 사회, 경제, 환경, 기술적으로 전망해 보았다. 사회(Social), 기술(Technology), 경제(Economy), 환경(Ecology), 정책(Policy)의 거시적 영역에서 변화의 요인과 변화 핵심 동인을 분석하는 STEEP 분석에 기반을 두고, 시점은 향후 5~10년 내를 기준으로 미래 변화 모습을 예측했다.

사회적으로, AI 클라우드 플랫폼 기술의 발전과 보급에 따라 해당 기술을 사용하는 기업과 일반 사용자가 늘어날 것이다. 보유한 컴퓨터의 성능이 제한적이어서 AI 사용이 어려웠던 개인이나 기업들이 AI를 쉽게 사용할 수 있게 되면서 AI 기술과 응용의 양적 · 질적 성장이 빠르게 이루어질 것으로 예상된다. 보안 관련 이슈는 클라우드 환경에서도 이미 나타나기 시작했으며 보안 사고의 형태도 점점 복잡해지고 있다. 그에 따라서 AI 클라우드 플랫폼의 운영 · 사용 관련 규정도 더 많아지고 엄격해질 것으로 보인다. AI 클라우드 플랫폼을 사용하는 기업들이 늘어나고 있지만 현재 예산 관련 이유로 기업들이 플랫폼 사용 비용을 쉽게 늘리지 못하고 있다. 향후에는 상황에 따라 유연하게 사용한 만큼 비용 조정이 가능한 플랫폼이 많아지면서 비용이 절감되고 플랫폼 사용을 원하는 기업이 더 증가할 것으로 예상된다.

경제적으로, AI 클라우드 플랫폼 기술의 시장 규모는 수요 증가에 따라 빠른 속도로 커질 것으로 예상된다. 시장 조사 기관 마켓앤마켓(Market & Market)의 시장보고서 전망에 따르면 AI 기반 서비스의 시장 규모가 2023년 93억 달러에서 2028년 550억 달러로 크게 증가하며, 연간 42.6%의 초고속 성장을 기록할 것으로 보인다.

환경적으로, AI 클라우드 플랫폼을 실행하기 위한 데이터센터가 늘어남에 따라 에너지 소모가 커질 것으로 예상돼 환경 영향이 무시하지 못할 수준까지 도달할 것으로 보인다. AI 클라우드 플랫폼 사용이 늘어남에 따라 클라우드를 실행하기 위한 대형 데이터센터가 많아지고 데이터 트래픽이 늘어날 것이며 데이터센터에 의한 전력 사용과 열에너지 배출이 더 많아질 것이다. 한편 개인 컴퓨터로 진행하는 무거운 연산 작업이 데이터센터로 모이면서 하드웨어 관리, 탄소 배출, 에너지 최적화 등이 더 수월해지고 효율적인 관리가 가능해져 환경에 긍정적인 영향도 존재한다.

기술적으로, AI 클라우드 플랫폼 기술을 제공하는 기업들이 많아지면서 AI 클라우드 플랫폼으로 머신러닝과 AI 기술 사용자가 더 많아질 것으로 예상된다. 현재 사용 가능한 AI 클라우드 플랫폼에서는 데이터 모델링 작업 관련 알고리즘 제공에 초점을 두고 있는데 플랫폼의 사용 편의성을 높이기 위해 대상 데이터를 정의하고, 데이터를 수집 · 정제하는 기능 제공이 필요하다. 플랫폼에서 제공하는 알고리즘을 쉽게 활용하기 위해서는 머신 러닝 모델 개발 · 학습 기술 관련 기본 머신 러닝 알고리즘 이외에 자동으로 모델 구조를 설계하는 신경망 구조 탐색 기술과 데이터 세트에 적합한 최적의 하이퍼파라미터를 탐색 기술 등 다양한 방식의 접목이 필요하다. 기존 AI 클라우드 플랫폼 기술은 AI 모델 훈련을 위한 알고리즘과 컴퓨팅 자원 제공에 초점을 두고 있는데 훈련한 모델을 쉽게 사용자에게 배포 · 서비스하고 나아가 훈련 모델을 공유 · 거래해 모델 접근이 쉬워지는 방식으로 발전 가능할 것이다.

AI 클라우드 플랫폼 한국 경쟁력과 발전 방안

AI 클라우드 플랫폼 기술 관련 최근 12년간 공개된 주요국(한국, 미국, 일본, 유럽, 중국)들의 논문과 특허를 분석해 보면, 한국이 논문 영향력은 4위, 특허 영향력은 4위로 확인된다. 논문 영향력은 논문 건당 피인용 건수를 기반으로 논문의 질적 경쟁력을 측정하는 방법이고, 특허 영향력은 등록특허 건당 피인용 건수를 기반으로 특허의 질적 경쟁력을 측정하는 방법이다.

AI 클라우드 플랫폼 기술이 향후 더욱 발전하기 위해서 몇 가지 정책적 접근이 필요하다.

첫째, 법 · 제도 측면에서 기업의 친환경 경영(ESG)을 고려한 종합적 법안 · 제도 마련이 필요하다. 기후 변화 대응을 촉구하는 시대적 요구에 부응해 클라우드 기반 플랫폼이 탄소 중립 달성에 기여할 수 있는 정책도 필요하다. AI 클라우드 플랫폼 관련 법안 제정 등으로 국내 관련 산업 육성을 위한 법제도 기반을 마련하고 산업 성장의 모멘텀 확보가 필요하다.

둘째, 인력 양성 측면에서 AI 클라우드 플랫폼 개발자의 인력 부족 어려움을 해결해야 한다. 클라우드 기술과 AI 기술이 진화하면서 기업들의 채용 수요와 눈높이가 높아지고 있는데 이를 충족할 충분한 인력 양성이 필요하다. 대학과 대학원에 AI 학과, 데이터 사이언스 학과, 클라우드 컴퓨팅 관련 프로그램 등을 개설해 관련 인력을 배출해야 한다. 또한 AI 클라우드 플랫폼을 개발하기 위해 클라우드와 AI 기술을 모두 능숙하게 다룰 수 있는 융합 인재 양성도 필요하다.

셋째, 인프라 측면에서 AI 클라우드 플랫폼 연구를 위한 하드웨어 인프라를 제공하고 빠른 적용을 위한 시험 · 인증 체계 구축도 필요하다. 대학교나 연구실에서 AI 클라우드 플랫폼을 효율적으로 연구할 수 있게 하드웨어 인프라나 클라우드 환경의 접근성도 쉬워야 한다. 또한 산학연의 다양한 연구 결과를 종합해 적용할 수 있는 산학연 협력체계도 필요하다.

AI 클라우드 플랫폼 기술 관련 한국의 논문 영향력(4위), 특허 영향력(4위)이 상대적으로 높지 않으므로, 정부 차원의 전략적 예산 투자가 필요하다. 또한 AI 클라우드 플랫폼 기술이 향후 더욱 발전하기 위해서 AI 클라우드 플랫폼 관련 법제도 기반 마련, AI 클라우드 플랫폼 개발자 인력 부족 해결, 하드웨어 인프라 및 인증 체계 구축 등이 필요하다. AI 클라우드 플랫폼 기술은 AI 기술 활용을 위한 인프라 기술로서 영향력이 높다.

참고문헌

국립외교원(2021). 바이든 행정부의 인공지능 국가정책: 평가와 함의. https://www.ifans.go.kr/knda/ifans/kor/pblct/PblctView.do?csrfPreventionSalt=null&pblctDtaSn=13974&menuCl=&clCode=P01&koreanEngSe=KOR&pclCode=&chcodeId=&searchCondition=searchAll&searchKeyword=&pageIndex=1

정보통신산업진흥원(2013). 클라우드 컴퓨팅의 국내외 시장 및 정책 동향.

한국소프트웨어산업협회(2019). 클라우드 컴퓨팅의 글로벌 시장

동향과 시사점.
한국전자통신연구원(2022). 클라우드와 AIaaS 서비스 동향. https://ksp.etri.re.kr/ksp/plan-report/file?id=1056
한국과학기술기획평가원(2023). 2024년 KISTEP 미래유망기술 선정에 관한 연구 - 생성형 인공지능 시대의 미래유망기술. https://www.kistep.re.kr/boardDownload.es?bid=0031&list_no=93095&seq=1

07
코딩 생성형 AI

코드를 생성 · 변경 · 완성하고 디버깅으로 완성된 코드를 제작하는 데 도움을 주는 코딩 생성형 AI 기술의 기본 개념을 이해하고, 코딩 생성형 AI 기술이 가져올 미래 사회의 변화 모습을 전망해 본다. 또한 코딩 생성형 AI 기술의 한국 경쟁력과 필요한 정책 제언으로 미래 발전 방안을 모색해 본다.

코딩 생성형 AI 기본 개념

코딩 생성형 AI 기술은 자연어(natural language)에서 프로그램 코드를 생성하거나 반대로 프로그램 코드를 읽고 자연어로 설명하거나, 혹은 프로그램 코드를 변경이나 향상시키는 데 필요한 생성형 언어 모델 기술이다.

코딩 생성형 AI 기술은 코딩의 다양한 분야에 일반적으로 적용될 수 있는 기술로, 기술 범위는 ① 코드 생성 기술, ② 코드 설명 기술, ③ 코드 변환 기술, ④ 코드 향상 기술의 4가지 세부 기술을 포함한다.

첫째, 코드 생성 기술은 프로그램을 설명하는 자연어를 입력으로 받아 프로그램 코드를 생성하는 기술이다. 이 기술은 생성형 언어 모델에 기반을 두고 작동하며, 최근에는 자동 회귀 디코더(decoder) 트랜스포머(transformer) 기반의 언어 모델이 주류를 이루고 있다.

둘째, 코드 설명 기술은 주어진 프로그램 코드를 자연어로 이해하기 쉽게 표현하는 기술이다. 코드 생성 기술의 역방향 기능을 하며, 정해진 코드에서 여러 가지 자연어 생성이 가능하다. 설명 수준은 코드 단위, 주요 기능 단위, 전체 요약 수준 등으로 세분이 가능하다.

셋째, 코드 변환 기술은 하나의 프로그래밍 언어로 작성된 코드를 같은 기능을 가진 다른 프로그래밍 언어로 바꿔 주는 기술이다. 주로 기계 번역에 사용되는 트랜스포머 모델을 사용하며, 비지도 학습 방법을 사용한다.

넷째, 코드 향상 기술은 미완성된 프로그램을 완성해 주거나, 같은 기능의 프로그램을 더 효율적인 코딩으로 바꿔 주는 기술이다. 프로그램의 기능 추가나 무결성 검사도 이 기술로 분류된다.

중소벤처기업부의 보도자료에 따르면 2025년까지 코딩 인력은 약 35만 명이 필요할 것으로 보이나, 공급은 약 32만 명에 불과해 심각한 코딩 인력 부족 문제가 발생할 것으로 보인다. 2025년까지도 해결하기 어려울 것으로 보이는 약 3만 명의 소프트웨어 분야 부족 인력은 자동 코딩 기술로 대체할 수 있을 것이다. 자동 코딩 기술은 이러한 코딩 인력 문제를 해결할 뿐만 아니라 신뢰성 있고 효율적인 코딩 제공이 가능한 중요 기술이다.

자동 코딩 기술은 몇 가지 측면에서 큰 도움이 될 것이다. 프로그래밍은 복잡하고 반복적인 작업을 포함하는데 자동 코딩 기술은 개발자들이 이러한 작업을 자동화해 시간과 노력을 절약할 수 있게 하고, 코드 생성, 자동 완성과 템플릿 기능으로 개발자가 효율적으로 작업할 수 있게 지원한다. 사람은 실수할 수 있으나, 자동 코딩 기술을 사용하면 코드 생성과 자동 완성 기능으로 문법

오류나 오타 등의 실수를 크게 줄일 수 있다. 또한 코드 분석 기능으로 잠재적 버그나 취약점을 탐지하고 수정할 수도 있다. 새로운 개발자나 비전공자들은 프로그래밍 언어와 문법을 배우는 데 시간과 노력이 필요한데 자동 코딩 기술은 AI 자동 코딩, 예측 및 자동 완성 기능을 제공해 프로그래밍 학습 시간을 줄이고 개발자들이 빠르게 작업에 참여할 수 있게 돕는다. 프로젝트에서 여러 개발자들이 협업한다면 일관성 있는 코딩 스타일과 규칙 유지가 중요한데, 자동 코딩 기술은 코드 템플릿과 자동 형식 지정 기능을 제공해 개발자들이 일관된 코딩 스타일을 유지하는 데 도움이 된다.

코딩 생성형 AI 미래 사회 변화 모습

코딩 생성형 AI 기술이 가져올 미래 사회 변화 모습을 사회, 경제, 기술적으로 전망해 보았다. 사회(Social), 기술(Technology), 경제(Economy), 환경(Ecology), 정책(Policy)의 거시적 영역에서 변화 요인과 변화 핵심 동인을 분석하는 STEEP 분석에 기반을 두고, 시점은 향후 5~10년 내를 기준으로 미래 변화 모습을 예측했다.

사회적으로, 코드 생성 기술을 활용한다면 부족한 개발자 대신 일반인 개발자를 쉽게 육성할 수 있어 국내 중소기업들이 활용할 개발자가 많아질 것이다. 일반인들도 자신의 아이디어를 프로그램으로 구현할 수 있어 더 다양한 콘텐츠 제작이 가능하다. ≪가트너(Gartner)≫에서는 일반인 개발자가 전문 개발자보다 4배 이상 많아질 것으로 전망했다. 코드 생성 기술로 단순 작업을 대체할 다양한 소프트웨어가 등장하고 단순 업무의 자동화가 보편화될 것이며, 이런 과정과 결과물을 검토 · 감독할 인력이 또한 필요할 것이다.

경제적으로, 대부분 기업들이 개발자 인력난으로 많은 제품 개발이 어려운 상황인데, 코드 생성 기술을 활용하면 일반인 개발자도 제품 개발이 가능해진다. 국내 코드 생성 기술 시장은 이전부터 지속적으로 성장하고 있는데, 생성형 AI 시장보고서에 의하면 2025년에는 455억 달러 규모로 성장할 것으로 예상된다. 개발자 1인이 앱 하나를 개발하기 위해 5가지 단계(① 계획 수립과 시장 분석, ② 시스템 구조 설계, ③ 개발 · 코딩, ④ 테스트, ⑤ 개발 · 배포)를 거치게 되는데, 이때 코드 생성 기술을 사용하면 개발이나 코딩 시간을 최대 90% 정도까지 단축할 수 있다. 그만큼 인건비도 줄일 수 있다. 일반인 개발자들도 소프트웨어 제품 개발이 가능해져 경제 활동 인구의 증가로 이어지고, 세수의 증가와 실업률 감소

에도 영향을 미칠 것이다.

기술적으로, 코드 생성 기술의 기반이 되는 거대 언어 모델(LLM, Large Language Model)이 지속적으로 거대해지고 성능이 발전하면서 코드 생성 기술도 함께 성장할 것으로 예상된다. 거대 언어 모델에 사용되는 학습 데이터에 따라 코드 생성 기술의 정확도나 용도가 달라지므로 코드 생성 기술에 적합한 언어 모델을 개발할 수 있게 맞춤 학습 데이터의 구축과 개발도 필요할 것이다. 기술의 발전에 따라 사용자들의 기기는 개인 컴퓨터에서 노트북, 패드, 휴대폰 등으로 점점 소형화되는 추세이므로 소형 기기의 크기에 적합한 고성능 경량화 거대 언어 모델 연구가 필요할 것이다. 또한 코드 생성 기술로 작성되는 소프트웨어가 늘어나 이를 관리하고 분석해 주는 도구 개발도 활발해질 것으로 보인다. 거대 언어 모델 서버에 기반을 둔 자동 코딩 서비스 사용 시 개발 정보 등이 유출될 염려가 있으므로, 주요 기업을 중심으로 자체 자동 코딩 모델을 개발하거나 기술을 도입할 가능성도 크다.

코딩 생성형 AI 한국 경쟁력과 발전 방안

코딩 생성형 AI 기술 관련 최근 12년간 공개된 주요국

(한국, 미국, 일본, 유럽, 중국)들의 논문과 특허를 분석해 보면, 한국이 논문 영향력은 4위, 특허 영향력은 5위로 확인된다. 논문 영향력은 논문 건당 피인용 건수를 기반으로 논문의 질적 경쟁력을 측정하는 방법이고, 특허 영향력은 등록특허 건당 피인용 건수를 기반으로 특허의 질적 경쟁력을 측정하는 방법이다.

코딩 생성형 AI 기술이 향후 더욱 발전하기 위해서는 몇 가지 정책적 접근이 필요하다.

첫째, 법 · 제도 측면에서 사이버 침해, 딥페이크 영상 등 AI 신뢰성 및 안전성과 관련된 다양한 AI 규제 정책 등이 등장하고 있어, 이를 위반하지 않는 자동 코딩 기술 개발 구축이 필요하다. 현재 깃허브(Github)에서 서비스 중인 코파일럿(Copilot)은 학습 데이터로 사용자들이 깃허브에 업로드한 소스 코드를 사용했기 때문에, 저작권이 있는 코드를 재생산하는 등의 논란과 함께 영리 목적으로 개발한 소프트웨어의 법적 문제로 소송이 일어났다. 또한 자동 코딩 기술 개발을 위해서는 모델 학습을 위한 데이터 확보가 필수인데, 대중에게 공개되어 있는 데이터의 수집 · 이용에 관한 법률에서 위법성 경계가 불분명한 문제를 해결할 필요가 있다. AI 학습을 위한 저작물 이용의 면책 규정 신설 내용이 저작권법에 포함되어 있는데, 원활한 자동 코딩 기술 개발을 위해서는 이 법률의 통과 · 개정이 필요하다. 자동 코딩 기술로 만들어진 코드를 포함한 소프트웨어의 저작권 문제 등이 발생할 수 있어, 이를 해결할 법률 제정이 필요하다. 한편 서버를 통한 자동 코딩 서비스는, 중요 정보 · 기술 등이 유출될 우려가 있어 법적 기준 마련이 필요하다. 특히 국내 기관 등에서 외국의 자동 코딩 서버를 사용하면, 국내 주요 정보 등의 유출 우려가 있다.

둘째, 인력 양성 측면에서 생성형 언어 모델 개발을 위해 관련 기술인 자연어 처리 기술과 트랜스포머 모델, 강화 학습 등의 딥 러닝 기술을 이해하고 활용할 인력 양성 프로그램이 필요하다. 자동 코딩 기술을 사용해 개발된 프로그램을 검증 · 운용할 수 있는 인력 양성 프로그램 또한 필요하다. 개발된 생성형 언어 모델의 성능을 최대한 이끌어 내어, 자동 코딩 기술 개발에 활용할 수 있게 프롬프트 엔지니어 인력 양성 프로그램도 필요하다.

셋째, 인프라 구축 측면에서 자동 코딩 기술 발전을 위한 학습용 데이터 구축이 필요하므로, 여러 기관의 코드 공개 등 협력 또는 학습용 데이터 수집을 위한 인프라 구축이 요구된다. 자동 코딩 기술을 적용한 실증 사례 도출이나 피드백으로 기술의 안정성 검증 기관과의 연계도 필요하다. 새롭게 개발된 자동 코딩 기술 활용 사례를 기반으로 상용화를 위한 국내외 표준화(법제도 포함) 추진되어야 한다.

코딩 생성형 AI 기술 관련 한국의 논문 영향력(4위), 특허 영향력(5위)이 상대적으로 높지 않으므로, 정부 차원의 전략적 예산 투자가 필요하다. 또한 코딩 생성형 AI 기술이 향후 더욱 발전하기 위해서 데이터 수집·이용에 관한 법률이나 저작권법의 개정, 자연어 처리와 딥 러닝 기술의 이해 인력 양성, 자동 코딩 기술 인프라 구축 등이 필요하다. 코딩 생성형 AI 기술은 생성한 AI 기술의 중요한 응용 분야로, 향후 이 분야의 성장은 AI에 의한 인력 대체 이슈와 관련해 더욱 주목받을 것이다.

참고문헌

강송희·이현승·유호석(2021). 디지털 전환을 촉진하는 NoCode와 RPA.

임좌상·김진만(2011). XMI 기반 상태도의 소스코드 자동생성 엔진 구현. ≪인터넷정보학회논문지≫, 12(6), 161-170쪽.

한국과학기술기획평가원(2023). 2024년 KISTEP 미래유망기술 선정에 관한 연구 - 생성형 인공지능 시대의 미래유망기술. https://www.kistep.re.kr/boardDownload.es?bid=0031&list_no=93095&seq=1

현대모비스(2023). 비전문가도 AI 진단 모델을 만들 수 있다면? 모델 구조 자동화 기법 개발기.
https://www.hyundai.co.kr/story/CONT0000000000075976
Austin, J., et al.(2021). Program synthesis with large language models. arXiv preprint arXiv:2108.07732.
Nijkamp, E., et al.(2022). Codegen: An open large language model for code with multi-turn program synthesis. arXiv preprint arXiv:2203.13474.
MacNeil, S., et al.(2023). Experiences from using code explanations generated by large language models in a web software development e-book.
Proceedings of the 54th ACM Technical Symposium on Computer Science Education, V.1, pp.931-937.
Xu, F. F., et al.(2022). A systematic evaluation of large language models of code.
Proceedings of the 6th ACM SIGPLAN International Symposium on Machine Programming, 1-10.

08
멀티모달 AI

이미지, 음성, 신호, 텍스트, 언어 등 데이터를 복합 인식 · 생성하는 멀티모달 AI 기술의 기본 개념을 이해하고, 멀티모달 AI 기술이 가져올 미래 사회의 변화 모습을 전망해 본다. 또한 멀티모달 AI 기술의 한국 경쟁력과 필요한 정책 제언으로 미래 발전 방안을 모색해 본다.

멀티모달 AI 기본 개념

멀티모달(Multi-modal) AI 기술은 텍스트, 이미지, 음성, 비디오 등 다양한 데이터 모달리티(modality)를 처리하고 이해하는 AI 기술이다. 인간의 감각과 사고방식도 모방해 다양한 방식으로 정보를 처리하고 이해해 인간과 보다 자연스럽게 상호작용할 수 있으며 복잡한 작업 수행이 가능하다.

멀티모달 AI 기술의 특징은 모달리티의 이질성(heterogeneity), 연결성(connections), 상호작용(interactions)이며, 기술 범위는 ① 표현, ② 정렬, ③ 추론, ④ 생성, ⑤ 전이, ⑥ 정량화의 여섯 가지 영역을 포함한다.

첫째, 표현 기술은 개별 모달리티 요소 간의 이질성과 상호 연결성을 반영하기 위해 멀티모달 데이터의 표현 · 요약 방법을 연구, 융합 · 정합 · 분할해 모달리티 요소들을 표현하는 기술이다.

둘째, 정렬 기술은 모든 요소 간의 연결과 상호작용 식별을 목표로 이산 정렬 , 연속 정렬, 맥락 표현해 모달리티 요소들을 정렬하는 기술이다.

셋째로 추론 기술은 주로 여러 추론 단계를 거쳐 멀티모달 증거에서 지식을 구성하는 것을 목표로, 구조 모델링, 중간 개념, 추론 전형, 외부 지식을 통한 추론 방식의 기술이다.

넷째, 생성 기술은 교차 모달 상호작용, 구조, 일관성을 반영하는 원시 모달 생성을 위한 과정 학습을 포함, 요약 · 번역 · 창조해 생성하는 방식의 기술을 의미한다.

다섯째, 전이 기술은 모달리티와 그 표현 사이에서 지식 전달을 목표로, 전달 · 협동학습 · 모델 유도를 하는 전이 방식의 기술을 의미한다.

마지막으로 정량화 기술은 멀티모달 학습 과정을 더 잘 이해하기 위해 경험적이고 이론적인 연구를 포함하며 이종성, 상호 연결, 학습의 정량화를 의미한다.

멀티모달 AI는 이해력, 일반화, 사용성, 상호작용의 네 가지 측면에서 기존 대규모 언어 또는 이미지 생성 AI보다 우월하다.

이해력 측면에서 오픈AI의 ChatGPT-3와 같은 텍스트 전용 모델은 일관되고 문맥에 맞는 텍스트를 생성할 수 있지만 텍스트 이상의 문맥을 이해하는 능력이 부족하다. ChatGPT-4와 같은 멀티모달 모델은 텍스트와 이미지 모두에서 문맥을 이해할 수 있어 더 정확한 문맥 생성이 가능하다. 일반화 측면에서 멀티모달 AI 모델은 다른 유형의 데이터를 통해 학습을 일반화하는 데 우수하다. 사용성 측면에서 텍스트, 이미지, 또는 음성을 이해하고 생성하는 작업은 기술, 교육, 의료, 엔터테인먼트 등 많은 산업에서 필요할 것이다. 상호작용 측면에서 멀티모달 AI 모델은 세상과 더 인간처럼 상호작용 가능하다. 텍스트를 이해하고 생성하며, 이미지를 해석하며, 음성을 이해하는 등 사용자 친화적이고 직관적으로 상호작용한다. 구글의 멀티모달 AI 모델인 팜이(PaLM-E)가 적용된 에브리데이 로봇은 실제 세상을 이해하고 인간과 상호작용하는 데 중요한 역할을 한다.

멀티모달 AI 미래 사회 변화 모습

멀티모달 AI 기술이 가져올 미래 사회 변화 모습을 사회, 경제, 환경, 기술적으로 전망해 보았다. 사회(Social), 기술(Technology), 경제(Economy), 환경(Ecology), 정책(Policy)의 거시적 영역에서 변화 요인과 핵심 동인을 분석하는 STEEP 분석에 기반을 두고, 시점은 향후 5~10년 내를 기준으로 미래 변화 모습을 예측했다.

사회적으로 인간과 멀티모달 AI의 공동 진화가 예상되며, 변화의 속도는 넓은 범위에 걸쳐 인간이 기술과 서로 상호작용하는 방식에 영향을 미칠 것으로 예상된다.

경제적으로 멀티모달 입력이 가능한 생성형 AI는 노동 생산성 성장을 크게 촉진해 글로벌 경제에 수조 달러의 가치를 더해 기술 채택률에 따라 생성형 AI 시장보고서에 의하면 2040년까지 연간 0.1%에서 0.6%의 범위로 성장에 영향을 미칠 것이다.

환경적으로 멀티모달 AI가 환경에 미칠 영향의 구체적 예는 없지만 AI 시스템이 에너지 사용을 최적화하는 데 도움이 될 수 있을 것이다. 반면 학습 과정에서 상당한 양의 에너지를 소비해 탄소 배출을 증가시킬 수 있다.

기술적으로 AI는 단순한 시나리오와 응용 프로그램을 넘어 발전할 것으로 예상된다. 더 복잡한 작업, 예를 들어 생명을 위협하는 상황을 감지하는 등의 역할도 수행 가능하다.

멀티모달 AI 한국 경쟁력과 미래 발전 방안

멀티모달 AI 기술 관련 최근 12년간 공개된 주요국(한국, 미국, 일본, 유럽, 중국)들의 논문과 특허를 분석해 보면, 한국이 논문 영향력은 4위, 특허 영향력은 4위로 확인된다. 논문 영향력은 논문 건당 피인용 건수를 기반으로 논문의 질적 경쟁력을 측정하는 방법이고, 특허 영향력은 등록특허 건당 피인용 건수를 기반으로 특허의 질적 경쟁력을 측정하는 방법이다.

멀티모달 AI 기술이 향후 더욱 발전하기 위해서는 몇

가지 정책적 접근이 필요하다.

첫째, 법·제도 측면에서 멀티모달 AI의 확산으로 발생할 수 있는 사회문제의 해결이 필요하다. 다중 모달 AI 모델은 훈련 데이터세트에서 생기는 편향성 문제가 존재한다. 예를 들어 버트(VL-BERT) 모델은 특정 의류를 여성과 연관시키는 경향이 있다. 오픈AI의 클립(CLIP) 모델은 흑인을 '비인간'으로, 청소년을 '범죄자'나 '도둑'으로 잘못 분류해 커뮤니티를 탐색해 모델을 이해하고 평가하는 방법을 개발하고 있다. 다중 모달 모델이 사람들을 대체할 가능성의 우려가 있으며 자동화 기술로 일자리가 사라질 위험이 있다. 또한 자원이 부족한 기업은 상대적으로 개발비용이 높은 멀티모달 AI를 개발하고 활용하는 게 어려워 기술 격차도 발생할 것이다. 한편 멀티모달 AI 모델들이 더욱 정교해짐에 따라, 기계가 생성한 콘텐츠의 품질이 향상되어, 더욱 개인화한 '악용 목적'에 사용될 수도 있다.

둘째로 기술 개발 측면에서 멀티모달 AI 개발을 위해 넘어야 할 기술적 난제들이 여전히 존재한다. 멀티모달 AI는 다양한 형태의 데이터를 처리해야 하므로 편향성이 제거된 완전한 형태의 대량 데이터를 수집하고 전처리 해야 한다. 각 모달리티가 서로 다른 형태와 구조를 가지고 있어 모달리티 데이터들의 효과적 통합이 필요하다. 멀티모달 AI는 테라바이트 단위의 멀티모달 데이터를 처리하는 능력과 향상된 학습 기법이 필요하다. 또한 인공 일반 지능(artificial general intelligence) 개발의 주요 도전 중 하나는 대량의 멀티모달 데이터로 학습하고 새로운 작업에 빠르게 적응할 시스템을 개발하는 것이다.

멀티모달 AI 기술 관련 한국의 논문 영향력(4위), 특허 영향력(4위)이 상대적으로 높지 않으므로, 정부 차원의 전략적 예산 투자가 필요하다. 또한 멀티모달 AI 기술이 향후 더욱 발전하기 위해서 멀티모달 AI의 확산으로 발생할 수 있는 사회문제의 법 · 제도적 해결, 멀티모달 AI의 편향성, 모달리티 간 효율적 데이터 통합 등이 필요하다. 멀티모달 AI 기술은 생성형 AI 기술 중 가장 복합도가 높은 기술로 완성도가 높아지면 사회적 영향력이 매우 높을 것이다.

참고문헌

데이터루트(2023). GPT4 – Unlocking the power of multimodal learning: overcoming challenges and harnessing opportunities. https://dataroots.io/research/contributions/gpt4-multimod

ality/
레트워스(2022). 인공지능에 감각을 더하다, 멀티모달(Multi-modal) AI. https://www.letr.ai/blog/story-20220826
삼성SDS(2022). 인간처럼 사고하는 멀티모달(Multi Modal) AI란?. https://www.samsungsds.com/kr/insights/multi-modal-ai.html
채널테크(2023). 멀티모달 AI가 바꿀 미래. https://channeltech.naver.com/contentDetail/25
한국과학기술기획평가원(2023). 2024년 KISTEP 미래유망기술 선정에 관한 연구 - 생성형 인공지능 시대의 미래유망기술. https://www.kistep.re.kr/boardDownload.es?bid=0031&list_no=93095&seq=1
Bommasani, R., et al.(2021). On the opportunities and risks of foundation models. arXiv preprint arXiv:2108.07258.
Dong, X., et al.(2022). M5product: Self-harmonized contrastive learning for e-commercial multi-modal pretraining. Proceedings of the IEEE/CVF Conference on Computer Vision and Pattern Recognition, pp.21252-21262.
Liang, P. P., et al.(2022). Foundations and Trends in Multimodal Machine Learning: Principles, Challenges, and Open Questions. arXiv preprint arXiv:2209.03430.
Twelve labs(2023). What Is Multimodal AI?. https://www.twelvelabs.io/blog/what-is-multimodal-ai
Yuan, S., et al.(2022). WuDaoMM: A large-scale Multi-Modal Dataset for Pre-training models. arXiv preprint arXiv:2203.11480.

09
AI 신뢰성과 안전성

AI 일상화에 따른 AI 신뢰성과 안전성 기술의 기본 개념을 이해하고, AI 신뢰성과 안전성 기술이 가져올 미래 사회의 변화 모습을 전망해 본다. 또한 AI 신뢰성과 안전성 기술의 한국 경쟁력과 필요한 정책 제언으로 미래 발전 방안을 모색해 본다.

AI 신뢰성과 안전성 기본 개념

AI 신뢰성과 안전성 기술은 AI 시스템의 위협 요인(편향성, 개인 정보와 저작권 침해, 가짜 정보와 사기, 작동 오류, 부정행위 등)과 기술적 한계에 대응하고 다양한 분야에서 활용되는 과정에서 부작용을 예방하는 광범위한 기술을 의미한다.

AI 신뢰성과 안전성 기술은 데이터 수집, 정제, 가공, 모델 학습 등 AI 시스템의 모든 단계에 적용되어야 하는 포괄적 기술로, 기술 범위는 ① 딥페이크 탐지 기술, ② 가짜 뉴스 탐지 기술, ③ 자연어 처리 편향성 측정, ④ 설명 가능 AI를 포함한다. 첫째, 딥페이크 탐지 기술은 조작된 얼굴 표정을 담은 이미지 내에서 특정 영역을 감지하고 지역화할 수 있는 표정 조작 감지 기술을 의미한다. 둘째, 가짜 뉴스 탐지 기술은 범용적으로 쓰이는 기술명은 없으며, 자연어 처리 분야에서 다양한 시도가 진행되고 있는데 언어적 특징 기반 접근법, 문서 형태 분석 기술, 출처 신뢰도 검증 기술, 콘텐츠 교차 검증 기술, 텍스트 요약 등의 기술을 의미한다. 셋째, 자연어 처리 편향성 측정 기술은 자연어에서 독성을 측정하는 데 사용되는 도구로, 자연어 처리 연구에 광범위하게 채택되고 있다. 독성은 입력 텍스트의 독성, 심각한 독성, 신원 공격, 모욕, 음란 위협 범주 중 하나에 속하는 것으로 레이블이 지정될 확률을 기반으로 해 측정한다. 넷째, 설명 가능 AI 기술은 판단의 이유를 사람이 이해할 수 있는 방식으로 제시하는 AI를 의미하며, 특정 판단에 대해 알고리즘의 설계자조차도 그 이유를 설명할 수 없는 '블랙박스 AI'와 대비되는 개념으로, 불확실성을 해소해 AI 신뢰성을 높일 수 있다.

최근 ChatGPT, 미드저니 등 생성형 AI가 일상생활에 스며듦에 따라 편향성, 개인 정보 침해, 저작권 침해, 가짜 정보와 사기, 오작동, 부정행위 등 위험 사례도 동시에 증가하고 있다. 딥 러닝의 창시자 제프리 힌턴(Geoffrey Hinton)은 "생성형 AI로 가짜 이미지와 텍스트가 많아져, 앞으로 인간은 진실과 거짓을 구분하지 못하는 세상을 마주하게 될 것"이라며, 생성형 AI의 위험성을 경고했다. 특히 생성형 AI의 성능이 하루가 다르게 발달하고 동시에 생성형 AI가 만들어 내는 허위 정보의 확산이 전 세계 문제로 부각하면서, AI의 규제 필요성이 대두되고 있다. 실제로 2023년 6월 유럽의회는 생성형 AI에 사용된 데이터의 출처 공개와 불법 콘텐츠 생성 방지 장치 방안을 담은 AI 규제법안의 초안을 세계 최초로 통과했다. 미국과 중국도 기업의 AI 준수 가이드라인을 개발하고 있으며, 우리나라도 AI 산업 육성과 관련된 7개 법안을 통합한 단일안이 국회에 계류 중이다.

AI 신뢰성과 안전성, 미래 사회 변화 모습

AI 신뢰성과 안전성 기술이 가져올 미래 사회 변화 모습을 사회, 기술적으로 전망해 보았다. 사회(Social), 기술(Technology), 경제(Economy), 환경(Ecology), 정책(Policy)의 거시적 영역에서 변화 요인과 핵심 동인을 분석하는 STEEP 분석에 기반을 두고, 시점은 향후 5~10년 내를 기준으로 미래 변화 모습을 예측했다.

사회적으로 AI 시스템은 인간 상호작용의 특징인 사회적 규범, 가치, 맥락을 따라야 하므로, 인간 사회의 윤리 표준과 같이 AI 시스템 사용 가이드라인, 정책, 규정을 도입할 수밖에 없다. 가이드라인, 정책, 규정은 AI 시스템을 활용하는 특정 상황 속에서 행동의 영향, 즉 잠재적 위험, 혜택, 피해, 비용 등을 고려하고 의사결정자의 책임과 인간의 권리도 명시되어야 한다. AI 시스템은 사회 관계의 속성(예: 모르는 사람보다 배우자를 더 신뢰할 것), 사물과 소유권의 속성(예: 내 펜은 다른 사람이 가져가서 사용해도 되지만 내 커피잔은 안 된다는 점), 사회 역할과 책임의 속성(예: 질문한 사람이 상사인지

동료인지에 따라 대답이 다르다는 점)을 곧 이해하게 될 것이다. 현재 AI 시스템에는 다양한 상황에서 유연하게 행동할 수 있는 윤리나 상식 추론 역량이 없으나, 미래의 AI 시스템은 사람들로 하여금 윤리적으로 수용 가능하고 의무적 행동을 할 수 있게 장려할 것으로 보인다.

기술적으로 AI가 다양한 산업과 비즈니스에서 활용됨에 따라 AI 시스템 이용자의 프라이버시 존중, 설명 가능성, 신뢰 가능성, 투명성 등의 요구 수준은 기하급수적으로 높아질 것이다. AI 시스템 이용자들이 자신의 데이터가 수집되는 방식과 시간, 그리고 공유되는 데이터의 종류와 양을 본인이 원하는 대로 조정할 수 있게 시스템이 충분한 유연성을 제공하는 방향으로 발전되어야 한다. 멀티모달 상호작용 알고리즘에서 사용되는 카메라, 마이크 등의 센서에서 수집된 잠재적으로 민감한 데이터를 필요 이상으로 공유하지 않게, 그리고 2차 목적으로 허락 없이 보관 또는 사용되지 않게 시스템이 설계될 것이다. 또한 인간이 해석할 수 없는 AI 시스템은 결국 신뢰의 본질을 훼손할 수밖에 없으므로, AI의 투명성과 설명 가능성은 인간과 AI 시스템 사이의 신뢰를 구축하는 매커니즘으로서 끊임없는 논의되고 시행착오를 겪으며 발전할 것이다. AI 시스템은 자신이 수행하거나 관찰하는 행동이 어떤 윤리적 함의를 갖는지, 사회적 규범에 부합하는지 등을 지속적이고 신뢰감 있게 추론할 것으로 예상된다.

AI 신뢰성과 안전성의 한국 경쟁력과 발전 방안

AI 신뢰성과 안전성 기술 관련 최근 12년간 공개된 주요국(한국, 미국, 일본, 유럽, 중국)들의 논문과 특허를 분석해 보면, 한국이 논문 영향력은 4위, 특허 영향력은 4위로 확인된다. 논문 영향력은 논문 건당 피인용 건수를 기반으로 논문의 질적 경쟁력을 측정하는 방법이고, 특허 영향력은 등록특허 건당 피인용 건수를 기반으로 특허의 질적 경쟁력을 측정하는 방법이다.

AI 신뢰성과 안전성 기술이 향후 더욱 발전하기 위해서 몇 가지 정책적 접근이 필요하다. 첫째, 법 · 제도 측면에서 AI의 신뢰성과 안전성 제고를 위해서는 데이터, 알고리즘, 피드백 시스템 등 AI 응용 제품과 서비스 전반에서 AI와 도메인 전문가가 협업해 제도적 기반을 조성해야 한다. 데이터와 개인 정보 보호, 알고리즘의 투명성과 설명 가능성, AI 기술과 서비스 사용의 책임 소재를 명확히 하고, 공정성 보장과 차별 금지, 기술의 오작동 방지와 신속 대응, 사회적 영향 평가 등 AI가 미치는 파급 효과 전반의 논의가 시급하다. 또한 초거대 AI 경쟁에서 이미 글로벌 빅테크 기업들이 주도권을 잡은 상황에서 선진국 중심의 AI 규제가 제정되지 않게, 즉 규제 역차별이 발생하지 않게 하는 국가 차원의 전략적 대응도 필요하다. 한편 미국과 중국 중심의 AI 패권 다툼에서 추격 그룹에 속한 한국이 경쟁우위를 갖는 분야에 특화 전략을 마련해야 하므로, 과도한 규제는 지양하는 균형 잡힌 전략이 필요하다.

둘째, 인력 양성 측면에서 AI의 신뢰성과 안전성을 제고하기 위해서는 AI 기술 역량을 보유한 전문 인력을 대규모로 양성하는 정책이 필요하다. 단기적으로는 누구나 손쉽게 AI를 활용해 전문가로 도약하고, 창의성과 아이디어가 있는 누구나 AI를 비즈니스에 활용할 수 있는 기회와 자원이 제공되어야 한다. 중장기적으로는 AI 모델과 알고리즘을 개발하는 인력과 AI를 과학으로 다루는 인력의 양성이 필요하다.

셋째로 인프라 구축 측면에서 현재 AI의 위협 요인으로 가장 지목받는 '잘못된 정보와 가짜 정보의 확산'을 방지하기 위해 이를 탐지해 제거하는 AI 시스템 구축이 무엇보다 중요하다. 허위 정보를 탐지해 제거하는 시스템은 확장 가능하고, 정확하며 공정해야 한다. 현재 사실

주장을 탐지하는 연구는 주로 사실 데이터베이스와 기존의 통계를 활용한 방식에 의존하고 있다. 이는 데이터베이스의 범위가 제한적이므로 이러한 솔루션은 정확성과 일반화 가능성이 떨어진다. 향후에는 주장 탐지와 관련된 연구는 응용 영역을 더 확대하고 여러 가지 의사소통 모드를 모두 포함하며 상호작용성과 반응성을 모두 갖추어야 한다.

AI 신뢰성과 안전성 기술 관련 한국의 논문 영향력(4위), 특허 영향력(4위)이 상대적으로 높지 않으므로, 정부 차원의 전략적 예산 투자가 필요하다. 또한 AI 신뢰성과 안전성 기술이 향후 더욱 발전하기 위해서 데이터, 알고리즘, 피드백 시스템 등 AI 응용 제품과 서비스 전반에 걸쳐 제도적 기반 조성, 신뢰성과 안정성 관련 전문 인력 양성, 잘못된 정보와 가짜 정보 탐지와 제거 AI 시스템 구축 등이 필요하다. AI 신뢰성과 안전성 기술은 AI 기술이 우리 사회에서 신뢰감을 갖고 안전하게 사용하기 위해 가장 근간이 되는 기술로서 사회적 영향력이 높다.

참고문헌

관계부처 합동(2021). 신뢰할 수 있는 인공지능 구현 전략.
https://www.msit.go.kr/bbs/view.do?sCode=user&mId=11

3&mPid=112&pageIndex=&bbsSeqNo=94&nttSeqNo=3180239&searchOpt=ALL&searchTxt=

변지에 · 이승언 · 카란딥 싱 · 차미영(2022). Exploring Text Summarization for Fake News Detection. ≪정보과학회논문지≫, 49(11), 926-935쪽.

이혜진 · 김진영 · 백주련(2020). 가짜뉴스 판별 기법 및 해결책 고찰. ≪한국컴퓨터정보학회 동계학술대회 논문집≫, 28(1).

한국과학기술기획평가원(2023). 2024년 KISTEP 미래유망기술 선정에 관한 연구 - 생성형 인공지능 시대의 미래유망기술. https://www.kistep.re.kr/boardDownload.es?bid=0031&list_no=93095&seq=1

한국정보통신기술협회(2022). 신뢰할 수 있는 인공지능 개발 안내서(안). https://www.tta.or.kr/tta/publicationHosuView.do?key=80&rep=1&searchKindNum=1&searchHosu=201

테크월드(2022). 인텔, 딥페이크 96% 탐지하는 페이크캐처 공개. https://www.epnc.co.kr/news/articleView.html?idxno=229861

AI라이프경제(2023). 중국, 세계 최초 AI 활용한 딥페이크 포괄 규제…"워터마크 표시, 당사자 동의 구해야". https://www.aifnlife.co.kr/news/articleView.html?idxno=20511

AI타임스(2023). "생성AI 콘텐츠에 레이블 지정하라"...EU, 8월말부터 제재. https://www.aitimes.com/news/articleView.html?idxno=151569

Gil, Y., & Selman, B.(2019). A 20-year community roadmap for artificial intelligence research in the US. arXiv preprint arXiv:1908.02624.

Mazaheri, G., & Roy-Chowdhury, A. K.(2022). Detection and localization of facial expression manipulations. *Proceedings of the IEEE/CVF Winter Conference on Applications of Computer Vision*, pp.1035-1045.

Zhu, J.(2022). AI ethics with Chinese characteristics? Concerns and preferred solutions in Chinese academia. *AI & Society*, 1-14.

10
AI 오픈 마켓

머신러닝 알고리즘, 데이터 세트 등을 거래할 수 있는 AI 오픈 마켓 기술의 기본 개념을 이해하고, AI 오픈 마켓 기술이 가져올 미래 사회의 변화 모습을 전망해 본다. 또한 AI 오픈 마켓 기술의 한국 경쟁력과 필요한 정책 제언으로 미래 발전 방안을 모색해 본다.

AI 오픈 마켓 기본 개념

AI 오픈 마켓 기술은 AI의 연구 결과와 서비스를 공유하고 판매할 수 있는 온라인 공간에서 개발자, 기업, 연구원 등 다양한 이해 관계자들이 자신들의 AI 모델, 알고리즘, 데이터세트 등을 공유하고 판매할 수 있는 기술이다.

AI 오픈 마켓 기술은 사용자가 자신의 필요에 맞는 AI 서비스나 제품을 찾고, 구매하고, 이를 사용하거나 통합해 새로운 AI 서비스를 개발할 수 있는 기술이다. 범위는 ① AI 모델과 알고리즘 공유, ② 데이터 관리, ③ AI 서비스 통합, ④ 결제와 계약 관련 기술을 포함한다. 첫째로 AI 모델과 알고리즘 공유 기술은, 오픈마켓 플랫폼에서 사용자가 자신들의 AI 모델과 알고리즘을 공유하고 다른 사용자와 교환하게 하고, 모델의 버전을 관리하며 품질 평가와 보안을 가능하게 하는 기술이다. 둘째로 데이터 관리 기술은 플랫폼에서 사용자가 데이터를 안전하게 업로드, 다운로드, 공유할 수 있게 하며, 데이터 품질과 관련된 메타데이터 관리와 데이터를 수집 · 처리 · 저장하는 기술이다. 셋째로 AI 서비스 통합 기술은 사용자가 플랫폼에서 구매한 AI 서비스를 자신의 시스템이나 애플리케이션에 쉽게 통합할 수 있게 애플리케이션 프로그램 인터페이스나 소프트웨어 개발 툴 등을 제공하고, 데이터를 마이그레이션 할 수 있는 기능을 제공하는 기술이다. 넷째로 결제과 계약 관련 기술은 사용자 또는 구매・판매자가 AI 서비스를 거래할 때 안전하게 결제하고 계약을 체결할 수 있게 하는 기술이다.

오픈마켓 형태의 플랫폼은 AI 개발을 더욱 가속화하고, 다양한 기업이 AI를 활용해 자신의 서비스를 개선하는 데 도움이 될 것이다. 또한 AI의 상업화를 촉진하고, AI 개발자에게 새로운 수익 모델을 제공하며, 사용자에게는 보다 많은 AI 제품과 서비스에 접근할 기회를 제공할 것이다.

해외에서는 정부 차원에서 오픈마켓 플랫폼 개념의 시초격인 디지털 마켓플레이스를 도입해 운영하고 있다. 자원의 공유와 활용, 확산 용이성 등이 목적이다. 영국은 2012년 공공 부문 소프트웨어를 오픈마켓 플랫폼으로 조달하도록 했는데, 초창기에는 클라우드 서비스를 거래 또는 컨설팅받을 수 있는 클라우드 스토어로 시작했고, 사용자 인터페이스를 대폭 개편해 2014년 디지털 마켓플레이스로 확대 개편했다. 미국은 2009년 클라우드 서비스 중 사스(SaaS)를 거래하기 위한 온라인 마켓 플레이스 Apps.gov를 개시했고, 서비스 간소화와 저조한 사용률 등의 이유로 2012년 종료했으나, 2016년

Apps.gov2.0 형태로 재오픈했다. 한국도 영국의 사례를 벤치마킹한 씨앗(Cert)이라는 소프트웨어 마켓플레이스를 2016년 구축해 공공 부문 소프트웨어 조달의 혁신을 추진했다. 현재는 디지털 서비스 이용 지원 시스템으로 확대 개편되었다. AI 오픈마켓 기술은 AI 기술의 접근성을 높일 뿐만 아니라 기술의 상업화에도 크게 기여하며, 기술 융합 등을 기반으로 하는 신속한 혁신을 촉진할 것이다. 이 플랫폼은 AI 기술을 더 많은 사람들에게 접근 가능하게 하며, 사용자는 플랫폼으로 더 다양한 AI 서비스를 탐색하고 활용해, 산업과 사회 전반에 걸쳐 AI 융합을 촉진한다. AI 기술을 개발한 판매자는 자신들의 AI 모델과 알고리즘을 판매해 수익을 창출하므로, AI 기술의 상업화와 기술 이전 등을 유도하고 결과적으로 AI 산업의 성장에 기여할 것이다.

AI 오픈 마켓 미래 사회 변화 모습

AI 오픈 마켓 기술이 가져올 미래 사회 변화 모습을 사회, 경제, 기술적으로 전망해 보았다. 사회(Social), 기술(Technology), 경제(Economy), 환경(Ecology), 정책(Policy)의 거시적 영역에서 변화의 요인 및 변화 핵심 동인을 분석하는 STEEP 분석에 기반을 두고, 시점은 향후 5~10년 내를 기준으로 미래 변화 모습을 예측했다.

사회적으로 AI 오픈 마켓은 일반 소비자가 AI 서비스를 손쉽게 사용할 수 있게 해 일상생활의 많은 면에서 AI의 활용이 확대될 것이다. 이러한 플랫폼은 AI 개발자와 사용자 사이의 장벽을 낮춰 AI 기술의 접근성을 높이는 효과를 야기한다. 그 결과 AI 기술은 사회 여러 분야에 혁신적 변화를 이끌어 낼 것이다. 다만, AI 기술 확산이 반드시 AI 기술의 보편적 평등을 보장하는 것은 아니므로, 사회 구성원들 간 새로운 형태의 디지털 격차가 발생할 수도 있다. 오픈마켓 플랫폼 관점에서 보자면, 정부 공공 영역에서도 다양한 기능을 제공하는 AI 모델들이 정부의 플랫폼에 연계해 공공데이터를 활용하는 다양한 대민 지원 서비스를 가능케 할 것으로 예상된다.

경제적으로 AI 오픈 마켓 기술은 AI 개발자나 스타트업들이 AI 서비스를 쉽게 판매하고, 새로운 비즈니스 모델을 탐색할 수 있게 해 궁극적으로 AI 산업 육성에 기여할 것이다. AI 기술이 여러 산업 분야에서 널리 활용되면서 전반적인 제조업, 서비스업 등 1차, 2차, 3차 산업 전반에 경제 활동의 생산성이 향상될 것으로 예상된다. 또한 AI 오픈 마켓으로 확산된 다양한 형태의 AI를 활용한 업무 자동화, 효율적 의사결정, 개인화한 서비스 제공 등은 경제 활동의 효율성을 더욱 높일 것이다. 국가 주도 또는 국비 지원의 AI 연구 개발 성과는 확산과 활용 관점에서 특히나 AI 오픈 마켓을 활용하는 것이 중요하게 작용할 것으로 예상된다.

기술적으로 AI 오픈 마켓은 AI 개발자와 생산자에게 판로를 제공할 뿐만 아니라, 공유와 협업이 가능한 플랫폼 환경을 제공해 결과적으로 AI 기술의 발전을 가속화할 것이다. 이러한 플랫폼으로 수집되는 대량의 사용자 데이터는 또 다른 형태의 AI 모델 학습에 사용될 수 있어 AI 기술의 성능과 다양성 향상도 기대된다. 다만, AI 학습에 필요한 이러한 데이터 활용은 개인 정보 보호와 저작권 관련 문제를 야기할 수 있다. 현재 관련 논의가 범세계적으로 진행되고 있다. 대표적으로 암호화 기술, 차등 프라이버시, 연합 학습 등의 기술이 개인 정보 보호와 학습 데이터 저작권 사전 자동 필터링 기술 등의 투자 개발이 강화되어야 한다. 이러한 기술들은 AI 성능 발전 사이의 균형 유지에 중요한 역할을 할 것이다.

AI 오픈 마켓 한국 경쟁력과 발전 방안

AI 오픈 마켓 기술 관련 최근 12년간 공개된 주요국(한국, 미국, 일본, 유럽, 중국)들의 논문과 특허를 분석해 보면, 한국이 논문 영향력은 4위, 특허 영향력은 5위로 확인된다. 논문 영향력은 논문 건당 피인용 건수를 기반으로 논문의 질적 경쟁력을 측정하는 방법이고, 특허 영향력은 등록특허 건당 피인용 건수를 기반으로 특허의 질적 경쟁력을 측정하는 방법이다.

AI 오픈 마켓 기술이 향후 더욱 발전하기 위해서 몇 가지 정책적 접근이 필요하다. 첫째로 데이터 보안 측면에서, AI 오픈 마켓 기술은 다양한 서비스와 사용자 데이터를 다루기 때문에, 데이터 보안과 프라이버시 이슈는 중요한 문제다. 데이터 암호화, 연합 학습 등의 기술을 적용해 개인 데이터를 보호하면서도 효율적인 AI 학습이 가능하도록 기술 발전이 필요하다. 둘째로 서비스 품질 보증 측면에서 AI 모델의 검증과 테스트 기술, 서비스의 성능 지표 등을 개발 · 적용하는 기술이 필요하다. 특히 최근 생성형 AI가 갖는 확률 모델로 할루시네이션(hallucination)이라는 기술적 한계점이 문제로 제기되는 만큼, 이와 연계해 AI 오픈 마켓에서 제품의 분류와 추천 · 연계 등의 과정에서 발생할 수 있는 오류 방지책 마련도 필요하다. 셋째로 공정성과 투명성 측면에서 AI의 신뢰성은 세계적 이슈다. 설명 가능한 AI를 위한 연구개발의 강화, AI 알고리즘 공개 촉진, 알고리즘 감사 기구의 설립이 필요할 것이다. AI 오픈 마켓의 활성화는 AI 기술 접근성을 높이지만, 동시에 새로운 형태의 디지털 격차를 야기할 수 있다. 이를 극복하기 위한 AI 리터러시 교육, 저소득층 서비스 지원 등의 정책도 필요하다. 넷째로 사업화 지원 측면에서 기술 개발과 사업화 촉진을 위해 연구 개발 지원, 벤처 투자 촉진, 특허 정책 개선의 추진도 필요하다. 또한 정부에서 제시한 데이터 플랫폼과 디지털 서비스 간의 연계를 확장해, AI 오픈 마켓 통합형 디지털 서비스 연계 프로그램 구축도 효율성을 높일 것이다.

AI 오픈 마켓 기술 관련 한국의 논문 영향력(4위), 특허 영향력(5위)이 상대적으로 높지 않으므로, 정부 차원의 전략적 예산 투자가 필요하다. 또한 AI 오픈 마켓 기술이 향후 더욱 발전하기 위해서 데이터 보안과 프라이버시 이슈 해결, 설명 가능한 AI, 알고리즘 감사 기구 설립, 벤처 투자와 특허 정책 등 사업화 지원이 필요하다. AI 오픈 마켓 기술은 AI 기술을 거래할 수 있는 플랫폼으로, AI 기술 확산에 기여할 것이다.

참고문헌

관계부처협동(2022). 디지털 플랫폼 발전방안.

https://nsp.nanet.go.kr/plan/subject/detail.do?nationalPlanControlNo=PLAN0000034719

대외경제정책연구원(2021). 디지털플랫폼에 관한 최근 EU의 규제개편 및 우리나라의 통상친화적 제도 개선 방향. https://www.kiep.go.kr/galleryRelate.es?mid=a10101100000&subjects=%EC%A0%84%EC%9E%90%EB%AC%B4%EC%97%AD%2C+%EC%A0%84%EC%9E%90%EC%83%81%EA%B1%B0%EB%9E%98

소프트웨어정책연구소(2018). 클라우드 가상화 기술의 변화. https://spri.kr/download/22084

한국과학기술기획평가원(2023). 2024년 KISTEP 미래유망기술 선정에 관한 연구 - 생성형 인공지능 시대의 미래유망기술. https://www.kistep.re.kr/boardDownload.es?bid=0031&list_no=93095&seq=1

한국지능정보사회진흥원(2022). 주요국 디지털 플랫폼정부 추진 현황 분석.

한국정보화진흥원(2017). 클라우드스토어 씨앗 2.0 및 공공클라우드 설명회 자료집.

부록

AI 기반 미래 융합 기술의 기본 정의,
개념에 대한 일러스트를 실었다.

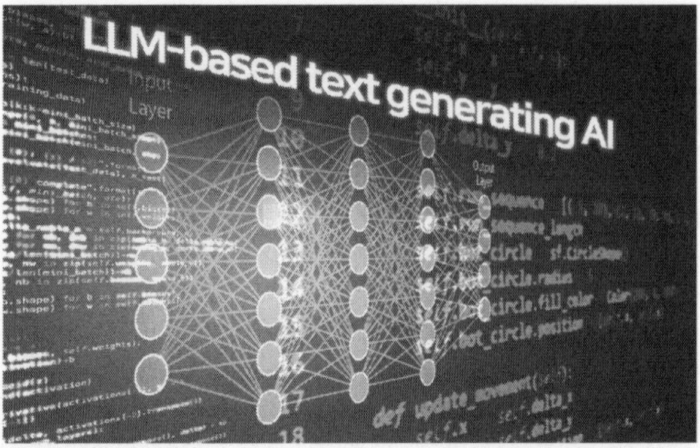

1. **텍스트 생성형** AI: 거대 언어 모델에 기반을 두고 대규모 텍스트 데이터로 다음 단어 예측 등의 과업을 수행함으로써 인간과 유사한 문장을 생성하는 AI 기술이다.

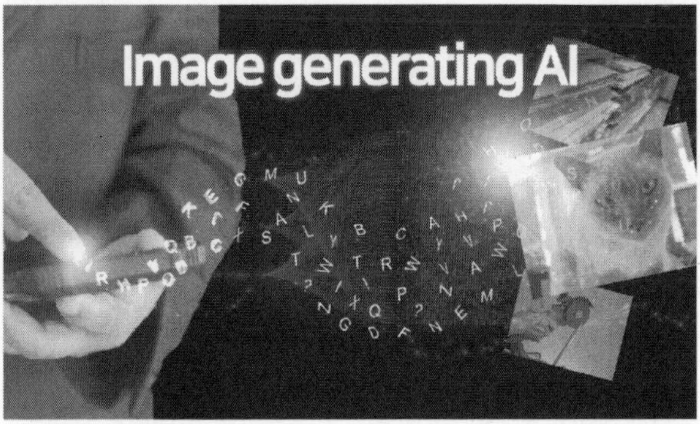

2. **이미지 생성형** AI: 생성형 AI 기술 중 이미지와 영상을 생성하는 기술이 이미지 AI 기술이다.

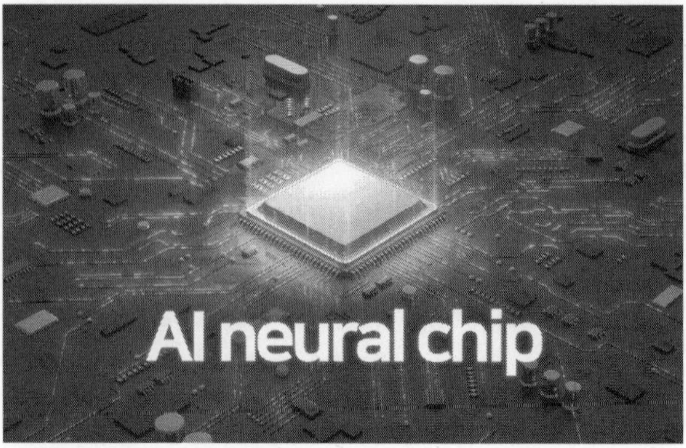

3. AI 전용 칩: 기계 학습 모델을 구축해 AI 소프트웨어를 구현하기 위해 특화되어 설계된 시스템온칩 반도체 기술이다.

4. 개인 맞춤형 AI: 개인의 상황에 맞게 AI가 개별 혜택을 제공하는 것으로 각 개인의 특성과 선호, 행동 패턴 등을 분석해 최적화한 서비스를 제공하는 기술이다.

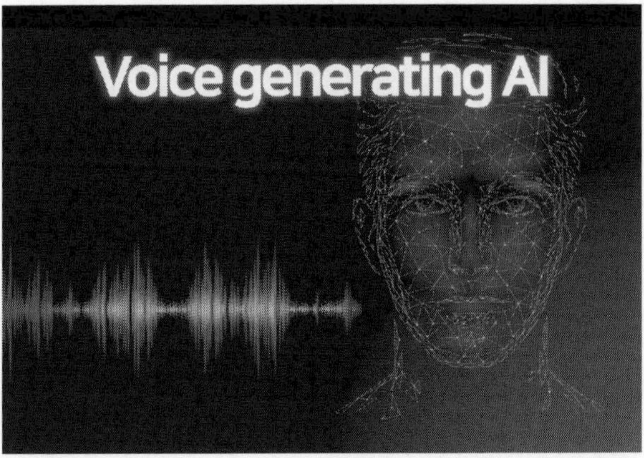

5. 음성 생성형 AI: 인간이 인식할 수 있는 감정이 그 음성신호에 표출이 되거나, 생성 단계의 내부에서 파라미터의 일부로 사용되어 음성을 생성하는 기술이다.

6. AI 클라우드 플랫폼: 효과적인 머신 러닝과 딥 러닝 모델을 구축하기 위해 다양한 기능을 제공하는 플랫폼이다.

7. 코딩 생성형 AI: 자연어로부터 프로그램 코드를 생성하거나 반대로 프로그램 코드를 읽고 자연어로 설명하거나, 혹은 프로그램 코드를 변경 혹은 향상시키는 기술이다.

8. 멀티모달 AI: 텍스트, 이미지, 음성, 비디오 등 다양한 데이터 모드를 처리하고 이해하는 AI 기술이다.

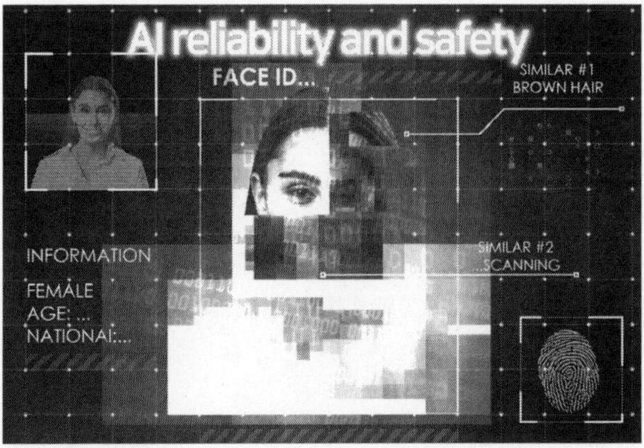

9. AI 신뢰성과 안전성: AI 시스템의 위협 요인과 기술적 한계에 대응하고 활용 과정에서 부작용을 예방하는 기술이다.

10. AI 오픈 마켓: AI의 연구 결과와 서비스를 공유하고 판매할 수 있는 온라인 공간 기술이다.

박창현

한국과학기술기획평가원 센터장/연구위원으로 미래예측, 예비타당성조사, 과학기술정책 등 연구를 10년 이상 수행했다. 서울대학교에서 재료공학 학사·석사학위를, 성균관대학교에서 기술경영학 박사학위를 받았다. 삼성전자 반도체사업부에서 14년간(2002~2015) 반도체 연구를 수행했고, 성균관대학교 기술경영전문대학원에서 5년간(2018~2023) 기술경영 분야를 강의했다. 전자응용기술사, 국제기술사(정보공학), 기업기술가치평가사, 기술거래사 등의 자격증을 보유하고, 한국기술사회 정회원, 한국특허전략개발원 및 한국지식재산보호원 평가위원, 국내외 저널의 논문심사위원으로 활동하고 있다. 주요 저서로 『혁신기술이 미래를 창출하는 순간』(2023), 『미래기술이 궁금하다고? 어린이 특파원이 알려드립니다!』(2023) 등이 있다. "Early Stage Value Co-Creation Network - Business Relationships Connecting High-Tech B2B Actors and Resources: Taiwan Semiconductor Business Network Case "(2018), "Value Co-creation Processes - Early Stages of Value Chains Involving High-Tech Business Markets: Samsung - Qualcomm Semiconductor Foundry Businesses"(2015) 등 20편 이상의 논문을 SSCI, SCI, KCI 등 등재학술지에 게재했다.